thilde -
10.

LA VIE HEUREUSE

LA BRIÈVETÉ DE LA VIE

Du même auteur
dans la même collection

LETTRES À LUCILIUS (1-29), traduction, introduction et notes par Marie-Ange Jourdan-Gueyer.

DE LA PROVIDENCE, DE LA CONSTANCE DU SAGE, DE LA TRANQUILLITÉ DE L'ÂME, DU LOISIR, traduction, introduction et notes par Pierre Miscevic.

SÉNÈQUE

LA VIE HEUREUSE

Traduction par Pierre PELLEGRIN

LA BRIÈVETÉ DE LA VIE

Traduction par José KANY-TURPIN

Introduction par Pierre PELLEGRIN

GF Flammarion

ISBN : 978-2-0807-1244-8

INTRODUCTION

Tout le monde n'est pas aussi sévère à l'égard de Sénèque que l'a été Hegel qui lui dénie jusqu'au titre de philosophe. Dans ce que l'on appelle le « stoïcisme impérial », celui de Sénèque, d'Épictète et de Marc Aurèle, Hegel estime que la philosophie a « perdu tout intérêt spéculatif » et « ne peut pas plus trouver mention dans l'histoire de la philosophie que nos sermons » [1]. Ce déni de philosophie remonte en fait à l'Antiquité, et l'on a souvent cité le passage où Quintilien dit que Sénèque ne se recommande pas par son exactitude philosophique mais par sa prédication contre les vices [2], ce qui revient à dire qu'il n'est pas philosophe au sens « technique » du terme. Certains éloges, en revanche, vont même peut-être trop loin. Ainsi quand P. Aubenque et J.-M. André, dans le petit livre qu'ils ont consacré à Sénèque en 1964, estiment que « s'il y a une philosophie romaine, c'est à Sénèque et à peu près à lui seul que nous la devons [3] », sous prétexte que Cicéron était

1. *Leçons sur la philosophie de l'histoire*, trad. P. Garniron, Paris, Vrin, 1975, t. IV, p. 644.

2. « En philosophie il manque d'exactitude, en revanche il est remarquable comme censeur infatigable des vices », *Institution oratoire* X, 1, 129. Le « en revanche » (*tamen*) est intéressant : Quintilien semble penser qu'il eût été plus efficace pour la prédication morale d'être un « vrai » philosophe.

3. P. Aubenque et J.-M. André, [1964], p. 11.

« éclectique », que Lucrèce était « étranger à la société de son temps » et qu'Épictète et Marc Aurèle écrivaient en grec. Trop loin parce que Cicéron a, finalement, des positions philosophiques assez précises qui ne sont pas composées d'emprunts à toutes les écoles ; Lucrèce est, certes, un Épicurien orthodoxe, mais il est bel et bien un philosophe latin ; quant à l'objection de la langue, elle est bizarre : Spinoza est-il un philosophe latin parce qu'il écrivait en latin ? Il n'en reste pas moins qu'il n'est pour ainsi dire pas d'étude sur Sénèque qui ne commence par se poser la question de savoir s'il est ou non un philosophe. Nul ne le fait pour Platon, Aristote ou Zénon de Cittium, évidemment, ni même pour Épictète. Même si la question « Sénèque est-il un philosophe ? » est naïve et mal formulée, il n'en reste pas moins que l'œuvre de Sénèque porte avec elle une sorte de soupçon, dont l'analyse, même succincte, est l'une des clefs de l'œuvre.

Qu'est-ce que les deux courts traités ici traduits ont à nous apporter dans ce débat sur le caractère philosophique ou non de l'œuvre de Sénèque ? En apparence, s'ils apportent quelque chose, c'est de l'eau au moulin de Hegel. Aussi bien *La Vie heureuse* que *La Brièveté de la vie*, en effet, portent les stigmates de cette philosophie au rabais que dénonçaient Hegel comme Quintilien. Dans le cas de *La Vie heureuse*, cela tourne même à la caricature, puisqu'on y voit l'homme le plus riche de son temps, ami intime d'un empereur déjà dominé par les passions meurtrières que l'on sait, utiliser les ressources d'une rhétorique – pas toujours la plus légère et la plus subtile – pour démontrer que le bonheur n'est pas dans le plaisir, que les biens de ce monde sont méprisables et que, par ailleurs, le luxe le plus effréné, loin d'être un obstacle à la vie de renoncement qu'est la vie philosophique, en est plutôt l'un des soutiens, puisqu'il permet de développer nombre de vertus, comme « la tempérance, la générosité, la frugalité, la prévoyance et la magnificence » (XXII, 2). De plus, la véhémence de la seconde partie du traité montre que, sous couleur de détachement philosophique, Sénèque entend bel et bien répondre à des critiques qui lui ont été personnellement adressées. N'est-ce pas sortir de la philosophie que de s'engager aussi profondément dans l'autojustification ? On reste confondu d'entendre Sénèque, au milieu des vagues hargneuses de l'argumentation, où il reprend, comme s'il ne pouvait pas s'en empêcher, les mêmes points qui le mettent directement en cause, déclarer qu'il entreprend cette critique de ses adversaires « non parce qu'il les hait mais pour les corriger » (XXVI, 5). Inconscience ou mauvaise foi ?

Quant au traité de *La Brièveté de la vie*, s'il ne montre pas une intention polémique aussi forte que *La Vie heureuse* et s'il est, en quelque sorte, moins dépendant de la situation historique concrète qui était celle de Sénèque, il ne semble pas d'une nature vraiment différente de celle du traité précédent. Là aussi, à travers le critiques des *occupati*, on entrevoit un monde, celui des classes dirigeantes romaines de l'époque, à la fois incroyablement sophistiqué – que l'on se rappelle les passages sur le coiffeur et les festins au chapitre XII –, avide de richesses et de places et soumis à des règles de vie d'autant plus insupportables que tout dépend en dernier ressort de l'humeur du prince.

Si l'on dépasse une lecture aussi superficielle et qui pourrait être qualifiée de « lecture d'humeur » de nos deux traités, si on les prend au sérieux, c'est-à-dire si on les considère comme porteurs d'une doctrine, il n'est pas sûr que cela suffise à les réintégrer, et Sénèque avec eux, dans l'histoire de la philosophie. Sénèque y apparaît, en effet, comme le parangon de ce que les historiens de la philosophie ont appelé le « stoïcisme impérial » et qu'ils considèrent comme la phase dernière, affadie, moralisante et pour tout dire dégénérée de la tradition stoïcienne antique. Les historiens illustrent d'ordinaire cette dégénérescence par plusieurs considérations.

Le stoïcisme originaire, celui qu'on appelle l'« ancien stoïcisme » et qui va de Zénon de Cittium à Boéthos de Sidon au second tiers du IIe siècle avant J.-C., bien qu'il ait eu comme l'une de ses sources principales la tradition cynique qui se caractérisait par une forte méfiance à l'égard des spéculations théoriques, n'en était pas moins une doctrine corsetée dans une impressionnante structure théorique. Bien plus, c'est peut-être le stoïcisme qui a le premier présenté la philosophie comme un système de trois parties [1] – la logique, la physique et l'éthique – en illustrant cette thèse par des comparaisons restées fameuses : la philosophie est comme un champ dont la logique est le mur d'enceinte, la physique la terre et les arbres, l'éthique les fruits ; la philosophie est comme un œuf dont la coquille, le blanc et le jaune sont respectivement la logique, l'éthique, la physique ; la philosophie est comme un être vivant ou une cité bien gouvernée, etc. Ces images indiquent d'elles-mêmes le problème principal qui s'est greffé, dès l'origine, sur cette affirmation du caractère systématique de la philosophie, celui de l'ordre des parties constituant ce système (cf. Diogène Laërce VII, 39-41, LS 26 B). Ce débat avait encore lieu chez les philosophes du moyen stoïcisme – Panétius de Rhodes et Posidonius d'Apamée –, comme le montre le texte indiqué ci-dessus. Sans entrer dans le détail d'un point important de l'histoire du stoïcisme, il faut remarquer que les stoïciens se partageaient en deux camps, l'un considérant l'éthique et l'autre la physique comme la partie la plus importante du système [2]. Jusqu'à une

1. Certains ont attribué cette thèse à Xénocrate, mais s'il semble avéré que celui-ci est bien l'ancêtre de la division de la philosophie en logique, physique et éthique, il n'est pas sûr qu'il ait affirmé le caractère systématique de cette division ; cf. L.S. II, 13 et texte 41 H.

2. Pour plus de détails, cf. P. Hadot [1991] et K. Ierodiakonou [1993]. La question est fondamentale, parce que la manière dont on la résout détermine résolument la conception même que l'on a de la philosophie. Dans un cas – si l'éthique en est le fin mot –, la philosophie mobilise la connaissance des règles du discours rationnel et celle de l'univers au service d'une éthique rationnelle, alors que dans l'autre cas le sage mettra sa connaissance des règles du discours vrai et de celles de la conduite humaine excellente au service d'une grandiose philosophie cosmique axée sur la contemplation d'un univers pénétré du souffle rationnel de la divinité et mené par une providence divine (il faut se rappeler que pour les stoïciens la théologie fait partie de la physique). Mais nous verrons plus bas qu'il faut tempérer l'importance de la différence entre les deux cas.

date récente, tout le monde ou presque était d'accord pour considérer que la question était non pas tranchée mais supprimée dans le stoïcisme impérial qui s'intéressait pour ainsi dire exclusivement à l'éthique. Qu'est-ce qu'un système réduit à une seule de ses composantes [1] ? Rappelons aussi que, sans trop s'interroger sur le fondement d'une telle affirmation, beaucoup ont soutenu que ce mouvement était une sorte de dérive antithéorique qui correspondait bien à l'esprit pratique et un peu fruste des Romains.

La deuxième « déviation » du stoïcisme impérial serait sa tendance à l'éclectisme et au syncrétisme. Dès le moyen stoïcisme, les historiens de la philosophie antique repèrent l'incorporation d'éléments platoniciens et aristotéliciens dans les doctrines stoïciennes, par exemple chez Posidonius. Un épisode important de ce mouvement de fusion doctrinale est repérable chez l'académicien Antiochus d'Ascalon qui fut l'un des maîtres de Cicéron. L'une des clefs de la vie philosophique du monde hellénistique, et ce jusqu'aux premiers temps de la conquête romaine, a en effet été la rivalité entre l'école stoïcienne et l'Académie sceptique fondée par Arcésilas. Chaque école progresse en tenant compte de la réaction de l'autre : Chrysippe prend en compte les critiques qu'Arcésilas avait adressées à Zénon, Carnéade tient compte du réaménagement du stoïcisme par Chrysippe, etc. [2]. Antiochus d'Ascalon, qui était officiellement membre de l'Académie – même s'il en est un membre dissident qui prétendait retrouver la

1. Il serait très intéressant, mais tout à fait déplacé dans le cadre de cette brève introduction, d'examiner les différences qui existent entre le « déviationnisme éthique » de certains membres de l'ancien stoïcisme et le rôle central de l'éthique dans le stoïcisme impérial. Dès le IIIe siècle avant J.-C., en effet, un philosophe comme Ariston de Chios réduisait la philosophie à l'éthique en prétendant que la physique était hors de notre portée et la logique inutile. Il retrouvait, ce faisant, les sources socratico-cyniques du stoïcisme. Aucun stoïcien de l'époque impériale ne prendra une telle position. Nous reviendrons sur ce point un peu plus bas.

2. Sur ce point la littérature est immense. On peut recommander particulièrement l'ouvrage de A.-M. Ioppolo [1986].

doctrine platonicienne originaire –, avait tellement stoïcisé les positions de son école que la bataille séculaire entre les deux sectes devenait impossible [1].

La troisième transformation initiée par les stoïciens de l'époque impériale serait son affaiblissement, voire son affadissement, par rapport au stoïcisme originaire, et cela en éthique même, la seule composante de la doctrine ancienne que les stoïciens tardifs auraient conservée. Là aussi, les historiens n'ont pas hésité à tomber dans la psychologie historique à la petite semaine, en décidant que le stoïcisme, qui avait rencontré un écho certain dans le milieu des dirigeants romains – et ce au moins dès le IIe siècle avant J.-C. : Panétius de Rhodes était l'un des principaux conseillers de Scipion Émilien –, convenait bien au génie national romain. Mais l'acclimatation se fit au prix de l'abandon du côté scandaleux et « politiquement incorrect » du stoïcisme originaire. Quel scandale, en effet, aux yeux de Romains pragmatiques, bornés et moralistes que la cité idéale de Zénon où il n'y a ni tribunaux, ni temples, ni monnaie, où l'on pratique le communisme sexuel et où les hommes et les femmes ont les mêmes habits et les mêmes droits, y compris celui d'aller nus !

Dans une telle conception historico-théorique du devenir du stoïcisme, on devine que Sénèque avait une place toute trouvée, celle précisément de liquidateur du stoïcisme en ce qu'il avait de théorique, de pur et de rigoureux. La révision de cette conception élaborée par les historiens de la philosophie qui me semble aujourd'hui à l'œuvre ne restera donc pas sans conséquence sur notre appréciation de l'envergure philosophique et du rôle de Sénèque. Non que cette conception de l'évolution du stoïcisme soit complètement fausse : elle a besoin d'être nuancée et rectifiée. Examinons donc le premier reproche que l'on adresse au stoïcisme impérial, celui d'avoir abandonné toute réfé-

1. Cf. J. Glucker [1978].

rence sérieuse à la physique et à la logique. Les deux autres reproches auront droit à un examen spécial, c'est-à-dire mené à travers nos deux traités.

Il est certain que les stoïciens dans le monde romain et notamment à l'époque impériale – et cela est largement vrai pour les philosophes de toutes les écoles – mettent l'accent sur l'enseignement éthique de la philosophie. Depuis son commencement la philosophie s'est donnée comme un mode de vie ou, faudrait-il dire, s'est donnée *aussi* comme un mode de vie, et la philosophie hellénistique ne fait donc que renforcer un aspect déjà présent dans la philosophie grecque. Comme l'a très bien montré P. Hadot [1], l'exercice de la philosophie était, en tout cas à l'époque de Sénèque, conçu comme un *exercice spirituel* destiné, en changeant l'âme de l'apprenti philosophe, à le diriger vers un état que tous les philosophes décrivent comme « le bonheur ». Sans tomber dans des simplifications excessives, on peut néanmoins considérer qu'à partir de l'époque hellénistique, qui voit le monde des cités remplacé par celui des grands royaumes ou empires, les philosophes effectuent une sorte de reflux dans l'intériorité en recherchant le bonheur. Le problème central devient alors de donner au sage les moyens de son bonheur, le principal de ces moyens étant celui qui met le sage hors d'atteinte des événements du monde extérieur qui ne dépendent pas de lui. Chacun a, ou devrait avoir, à l'esprit les pages extrêmement brillantes de Hegel sur le stoïcisme comme philosophie par excellence de cette époque d'« esclavage universel » : dans un monde où la liberté civique a disparu, où tous sont fondamentalement égaux dans la soumission aux volontés, et aux lubies, du prince, c'est hors du monde, dans cette citadelle intérieure qu'est l'âme du sage que la liberté s'est réfugiée.

Revenons au problème qui a brièvement été évoqué plus haut de la partie principale de la philosophie pour

1. P. Hadot [1995] ; peut-être même trop bien, en ce qu'il extrapole parfois des situations absolument applicables à la philosophie tardive à des philosophes antérieurs.

les stoïciens. Que cette partie principale soit l'éthique ou la physique, il y a, par-delà la différence en quelque sorte cartographique entre les deux cas – qui entraîne également une différence pédagogique, puisqu'il faut orienter l'enseignement vers l'une ou l'autre des parties de la philosophie –, quelque chose de profondément identique entre les deux situations. D'abord, l'ordre des parties est un problème second par rapport à cette réalité fondamentale qui est le caractère systématique de la philosophie. Ainsi, Chrysippe place la physique en dernier, mais il reconnaît par ailleurs que l'éthique se fonde sur des thèses physiques [1]. Ensuite, ce serait une erreur de penser que les stoïciens entendent « physique » au sens moderne, ou même au sens aristotélicien, du terme. Il ne s'agit pas d'obtenir une connaissance théorique de la nature, mais de saisir l'univers comme un tout unifié dans lequel chaque chose, et notamment les humains, a sa place rationnellement et providentiellement déterminée. L'étude de la physique a donc un but que nous dirions pratique avant d'avoir un but théorétique.

On saisit mieux ce statut, étonnant pour nous, de la physique chez les stoïciens si on regarde le rapport que cette physique, au sens où elle est une partie de la philosophie, a avec les différentes sciences et notamment ce que nous appellerions, et qu'Aristote par exemple appellerait aussi, les « sciences physiques ». La physique, partie de la philosophie, n'est pas une science ou un art au sens où le sont la géométrie, la divination, la médecine, etc. Pour les stoïciens, quand on entreprend une étude ou une recherche dans une discipline particulière, on met en œuvre des outils théoriques qui relèvent des trois parties de la philosophie. Le médecin touchera évidemment à la physique, mais aussi à la logique parce qu'il doit savoir tenir un discours valide, et à l'éthique car toute activité doit se situer par rapport aux valeurs éthiques. Il est donc vraisemblable que pour un stoïcien « faire de la physique », si cette

1. Cf. par exemple le texte cité par L.S. 60 A.

physique est celle qui est une des trois parties de la philosophie, ce n'est pas faire des recherches en physique au sens où un physicien s'emploierait à découvrir de nouveaux objets ou de nouvelles lois. Les principes de la physique sont acquis une fois pour toutes et ils doivent être enseignés aux membres de l'école, notamment aux débutants. Il en va de même pour la logique. Il faut, bien sûr, réaffirmer ces principes contre les écoles adverses. Ainsi, Marc Aurèle, dans un ouvrage qui est complètement consacré à la réflexion éthique, ne manque pas de rappeler plusieurs fois qu'il adhère à une conception unitaire et providentielle du monde et rejette la conception corpusculaire et fondée sur le hasard qui est celle des épicuriens.

Il en va différemment pour l'éthique pour plusieurs raisons. D'abord, c'est sur l'éthique que les stoïciens, comme les membres des autres écoles, étaient interpellés en priorité par les gens extérieurs à l'école. Ensuite, même si les principes éthiques restent les mêmes, il est besoin d'une casuistique pour les adapter aux situations concrètes et aux questions des adversaires. Enfin, conséquence de ces deux premières raisons, c'est en éthique que la déviation est la plus menaçante par rapport à l'orthodoxie d'une école. Il est par ailleurs hors de doute que l'époque impériale est porteuse d'interrogations spécifiques qu'avait ignorées la période de l'hellénisme classique, et qu'à ces interrogations le stoïcisme a eu à répondre, comme il avait eu auparavant à répondre aux critiques de l'Académie sceptique. Le cas d'Épictète, le plus remarquable des stoïciens de la période impériale, est intéressant sur ce point. On l'a souvent considéré comme un « pur » moraliste. Mais cela tient à la manière dont son enseignement nous a été transmis. Nous avons d'Épictète deux ouvrages, les *Entretiens* et le *Manuel*, tous les deux composés par son élève Arrien de Nicomédie d'après les cours du maître. Or l'intérêt presque exclusivement éthique que manifestent les textes d'Épictète ne signifie pas qu'il avait abandonné les parties physique et logique de la philosophie. La partie principale des cours d'Épictète consistait, comme cela était la coutume dans les écoles philosophiques de l'époque, dans l'explication de textes des grands philosophes stoïciens antérieurs, et il est certain que ces textes étaient aussi des textes physiques et logiques. Les *Entretiens* en conservent d'ailleurs des traces. Mais de cet aspect-là de l'enseignement d'Épictète, Arrien ne rapporte rien. Ce qu'il reproduit ce sont des entretiens entre Épictète et ses disciples après les cours, entretiens qui portent sur des questions pratiques concernant ceux qui veulent mener une vie philosophique. Comme cela a été rappelé plus haut, en effet, c'est surtout sur l'éthique que l'on interpellait les philosophes. Il en va de même pour Sénèque. Il n'a pas « abandonné » les parties physique et logique de la philosophie. Ainsi, dans cet extrait d'une *Lettre à Lucilius* : « l'étude de la nature, l'éthique et la logique sont les parties de la philosophie [1] ». Il faut rappeler qu'il a même mené lui-même ce qu'il faut appeler les recherches physiques, au sens des sciences physiques spécialisées défini plus haut, consignées dans ses *Questions naturelles*. Il faut donc, au moins, « mettre en perspective » le soi-disant abandon de la physique et de la logique par les derniers stoïciens antiques.

Tournons-nous maintenant vers nos deux traités, *La Vie heureuse* et *La Brièveté de la vie*, en abandonnant le préjugé selon lequel le stoïcisme de Sénèque est un stoïcisme amputé et dégénéré. Nous y trouverons de surcroît des éléments de réponse aux deux autres accusations de trahison de la doctrine originale portées contre le stoïcisme impérial, le reproche de syncrétisme et celui d'affadissement.

1. *Lettre* 88, 24. Ce passage est intéressant pour nous parce que Sénèque y examine la prétention que pourraient avoir les différentes sciences, comme la géométrie, à être aussi des parties de la philosophie, pour conclure que les disciplines particulières ne sont que des auxiliaires de la philosophie dont elles dépendent et qui ne dépend pas d'elles. La doctrine ici développée par Sénèque vient sans doute de Posidonius qui s'était beaucoup occupé des sciences particulières (mathématiques, physique, géographie, etc.). Voir un passage de ce texte en L.S. 26 F.

La plupart des interprètes pensent que le traité sur *La Vie heureuse* a dû être composé assez nettement après celui sur *La Brièveté de la vie*, mais nous l'avons placé en tête parce que, en traitant de la fin même de la vie – la vie heureuse ou le bonheur –, il adopte un point de vue plus général sur l'éthique et donc sur la philosophie. Nous verrons plus loin que le problème de la date de composition de *La Brièveté de la vie* n'est pas sans intérêt ni conséquence. Ces deux ouvrages sont inclus dans l'ensemble des « dialogues » de Sénèque. Sans revenir sur une forme littéraire qui a déjà fait l'objet de bien des analyses [1], notons que nous avons ici deux cas limites du dialogue sénéquien. Loin de prendre le dédicataire de l'ouvrage, qui dans ce cas est Gallion son frère, comme interlocuteur fictif, en effet, dans *La Vie heureuse* Sénèque s'adresse d'abord à un interlocuteur philosophe qui défend des thèses épicuriennes puis aristotéliciennes, puis à quelqu'un sans formation philosophique qui partage une sorte de haine commune contre les philosophes. Dans *La Brièveté de la vie,* un seul personnage, l'auteur, a la parole même s'il évoque des objections d'un interlocuteur fantôme. Sans qu'on soit sûr de la date exacte de sa composition, les historiens pensent que *La Vie heureuse* a dû être écrite vers 58 parce que c'est à cette époque que Sénèque a intenté un procès à L. Suillius qui avait porté contre lui des accusations à la fois graves et véhémentes, auxquelles on a pensé que *La Vie heureuse* répondait. Le premier point qu'il faudrait alors éclaircir, et qui ne peut pas l'être tout à fait, est de savoir dans quelle mesure il s'agit d'un écrit d'auto-explication et d'auto-justification. Or, sur ce point, et comme souvent dans ce genre de question, les thèses les plus opposées ont été défendues. Les uns soutiennent que les remarques philosophiques de Sénèque ne sont qu'un

1. Chez Sénèque, le dialogue est un mode pédagogique d'exposition de la vérité que les stoïciens s'étaient approprié. Il n'y a donc plus trace du projet platonicien, même si, avec le temps, il était devenu de plus en plus fictif, de recherche en commun de la vérité. Cf. P. Grimal [1953], p. 1 sv.

habillage en trompe-l'œil destiné à donner plus de poids à un plaidoyer *pro domo*, alors que d'autres pensent que la relation établie par les historiens entre *La Vie heureuse* et l'affaire Suillius est largement imaginaire et que, par exemple, on se demande bien pourquoi ce serait précisément en 58 que Sénèque aurait entrepris de justifier sa prétention à être un philosophe bien qu'il possédât une immense fortune [1]. Ce dernier raisonnement amène surtout, sinon à modifier la date du traité, du moins à élargir la « fourchette » à l'intérieur de laquelle il aurait été composé. Au-delà des querelles érudites dans lesquelles nous ne pouvons nous engager ici, cette question est importante parce qu'elle nous ramène, en fait, à la question posée initialement du « sérieux » philosophique de Sénèque. Le stoïcisme mis en avant par Sénèque ne serait-il qu'un moyen de justification idéologique, un peu comme le christianisme a pu servir de « couverture » à des entreprises comme la conquête (celle du Nouveau Monde par exemple), la colonisation, voire la traite négrière ?

Ce qui frappe à la lecture de *La Vie heureuse*, c'est la coupure qui divise le traité à peu près en son milieu. Coupure concernant le fond mais aussi la forme. Dans les quinze premiers chapitres, Sénèque se demande ce qu'est le bonheur, c'est-à-dire le souverain bien, notamment en s'engageant dans une polémique d'abord contre les épicuriens ensuite contre les aristotéliciens. Il faut remarquer que, ce faisant, Sénèque ne suit pas le plan qu'il annonce au tout début du texte, où il disait qu'il allait d'abord définir le souverain bien pour, ensuite, indiquer les moyens de l'atteindre. Heureusement, ce plan convenu et un peu plat est non seulement bousculé mais, en fait, éclipsé par l'irruption de la seconde partie. Sénèque avait entrepris la discussion d'un problème fondamental du stoïcisme – un de ceux, assurément, auquel ses adversaires le ramenaient le plus fréquemment –, la question des choses indiffé-

1. Pour un résumé de l'histoire de cette question, cf. F.-R. Chaumartin [1989].

rentes « préférables » (ou « préférées », ce qui serait une traduction plus exacte), c'est-à-dire ce que nous choisissons avec de bonnes raisons de le faire, bien que cela n'ait pas de valeur morale. La santé, le plaisir, le bon fonctionnement des organes corporels, etc., toutes choses qui sont naturelles [1] et qu'il n'est pas mauvais de posséder, à condition de ne pas les prendre pour des biens et de ne pas se laisser subjuguer par elles, sont des « préférés ». Brusquement, après un chapitre de transition, il s'attache, à partir du chapitre XVII, à un seul de ces « préférés », la richesse, pour entreprendre de montrer qu'elle n'est un obstacle ni à la vie philosophique ni au progrès vers la philosophie et que, donc, elle convient tant au sage qu'à l'aspirant à la sagesse. En passant, Sénèque affirme fortement qu'il ne se considère pas comme un sage mais comme un aspirant à la sagesse, nous y reviendrons.

Qu'est-ce que cette première partie nous permet de dire quant aux deux dernières inflexions que le stoïcisme impérial aurait fait subir à la doctrine originale, le syncrétisme et l'affadissement ? Pour comprendre l'importance du premier point, il faut d'abord rappeler la violence des polémiques entre écoles philosophiques rivales dans l'Antiquité. On n'insistera jamais assez sur l'importance du caractère scolaire de la philosophie dans l'Antiquité, et notamment sur le halo œdipien dont les écoles entouraient l'exercice de la philosophie. Si l'école philosophique n'est pas tout à fait la horde primitive de *Totem et Tabou*, elle tisse néanmoins des liens extrêmement forts entre des « frères » sous le regard, réel de son vivant, fantasmatique après sa mort, du père fondateur. Mais ce qui faisait sans doute le plus pour développer la conscience de soi des écoles, c'était le devoir que les membres avaient de défendre l'orthodoxie de l'école en attaquant les autres écoles. Dans le cadre de cette lutte, on voit, à partir de la période hellénistique, les représentants des diverses

1. Une autre voie pour aborder ce problème est celle de la théorie des « fonctions propres » ; cf. note 3, p. 58.

écoles se disputer les jeunes gens en faisant l'article pour leur secte. Le célèbre pamphlet de Lucien, *Les Sectes à l'encan*, qui montre Jupiter faisant comparaître les philosophes fondateurs, ou simples membres, de toutes les écoles sur une estrade pour qu'un acheteur décide lequel il doit acquérir, donne une idée comique de ce foisonnement de sectes et montre que cette rivalité n'avait pas faibli au temps de Sénèque. Le fait que la lutte entre les sectes fût aussi violente, et peut-être même plus violente que dans le passé – dans un texte cité plus bas, Sénèque parle de « haine implacable » ! – n'est d'ailleurs pas incompatible avec la propagation d'une sorte de philosophie « commune » et d'un syncrétisme théorique. L'école stoïcienne aurait fort bien pu concilier une intransigeance institutionnelle et une fusion de ses dogmes propres dans un ensemble théorique composite.

Ce n'est pourtant pas ce que révèle la première partie du traité sur *La Vie heureuse*. Sénèque s'y montre à la fois bien informé des philosophies qu'il critique, d'une orthodoxie stoïcienne parfaite et assez nuancé. Dans *La Vie heureuse*, Sénèque critique deux philosophies, l'épicurisme et l'aristotélisme, la seconde sans citer aucun nom de philosophe ou d'œuvre, de sorte que pendant assez longtemps les commentateurs ont cru qu'il ne s'en prenait qu'aux épicuriens.

Dans un article important, P. Grimal [1] a montré deux choses : d'abord que c'étaient bien les aristotéliciens qui étaient attaqués au chapitre XV, ensuite que Sénèque ne s'en prenait pas à quelque péripatéticien de second rang – on a pensé à un certain Calliphon, cité dans le *De finibus* de Cicéron, qui vivait au IIIe siècle avant J.-C. –, mais qu'il se référait au texte même de l'*Éthique à Nicomaque*. L'article de P. Grimal contient un peu plus. Les historiens de la philosophie, en effet, sont largement d'avis qu'à l'époque de Sénèque les gens, y compris les « intellectuels », ne lisaient plus les textes, mais avaient recours à des « manuels », dont

1. Cf. P. Grimal [1967].

certains devaient ressembler aux *Vies et doctrines des philosophes illustres*, ouvrage publié par Diogène Laërce sans doute deux siècles après Sénèque. Il s'agit là, en réalité, d'une opinion qui est loin d'être solidement étayée et qui pourrait bien participer du préjugé général dont sont l'objet les « basses époques » réputées décadentes, voire dégénérées. Nous avons déjà vu ce préjugé à l'œuvre à propos de l'aspect théorique du stoïcisme dont on pense généralement qu'il n'intéresse plus personne à l'époque impériale. P. Grimal, en tout cas, donne des arguments solides, et notamment de proximité textuelle, qui tendent à montrer que non seulement Sénèque ne cite pas l'*Éthique à Nicomaque* d'après un manuel, mais qu'il en critique les thèses en suivant les autorités les plus anciennes du stoïcisme. Nous savons, en effet, par Plutarque et Cicéron, que Chrysippe avait attaqué dans son traité *Sur la justice* la thèse aristotélicienne selon laquelle le plaisir parachevait le bien. Mais il semble que la critique de Chrysippe, rapportée par Plutarque au chapitre 15 des *Contradictions des stoïciens*, soit assez modérée comparée à celle que nous trouvons dans *La Vie heureuse*. Chrysippe, en effet, reproche à Aristote de dire que, si le plaisir est un bien, la justice est détruite et avec elle toutes les autres vertus, alors que, selon Chrysippe, les autres vertus, n'étant pas désirables pour elles-mêmes, pourraient subsister comme vertus y compris dans un système hédoniste. Je peux, par exemple, éprouver du plaisir à faire une action courageuse sans que mon courage cesse d'être une vertu pour autant. Or Sénèque, qui prend précisément l'exemple du courage à la fin du chapitre qu'il consacre à la critique d'Aristote, a une position beaucoup plus ferme que celle de Chrysippe, on pourrait dire beaucoup plus stoïcienne, dans laquelle P. Grimal voit un retour à Cléanthe, le prédécesseur de Chrysippe à la tête de l'école stoïcienne.

La critique des arguments épicuriens par Sénèque occupe beaucoup plus de place que celle d'Aristote. Remarquons, en passant, que cela ne signifie pas que Sénèque considère que les positions épicuriennes sont plus dangereuses que les positions aristotéliciennes. Il semble bien, au contraire, qu'il considère que la doctrine péripatéticienne est le dernier va-tout des partisans du plaisir une fois que l'épicurisme a été réfuté [1]. Dans le reste de l'œuvre de Sénèque aussi c'est, et de loin, Épicure et l'épicurisme qui sont les cibles principales de ses attaques. Il y a là un cas particulier d'une attitude plus générale de tous les auteurs de l'époque romaine pour lesquels Épicure est le mouton noir de l'histoire de la philosophie. Que l'on se rappelle la hargne de Cicéron. Sur ce point aussi, il y aurait bien des choses à éclaircir et il ne faudrait sans doute pas s'en tenir à l'argument paresseux qui soutient que l'épicurisme s'opposait trop aux idéaux virils des Romains pour faire figure de philosophie acceptable, mais ce n'est pas ici le lieu d'aborder ce problème. Il y a aussi, dans la fréquence des références de Sénèque à l'épicurisme, le reflet d'une relation plus spéciale entre les écoles stoïcienne et épicurienne. Dans les luttes qu'elles mènent entre elles, en effet, les sectes ne font pas que s'affirmer : elles se forment. Ainsi le stoïcisme s'est-il formé au cours de son histoire par le biais de deux affrontements principaux. Du point de vue épistémologique, il a précisé sa doctrine en répondant aux attaques de l'Académie sceptique, comme on l'a dit plus haut, du point de vue moral en répondant aux critiques des épicuriens et en s'opposant violemment aux thèses épicuriennes. L'opposition du sage stoïcien et du sage épicurien était une sorte lieu commun de la vie intellectuelle de l'Antiquité depuis l'époque hellénistique.

Or l'attitude de Sénèque à l'égard d'Épicure est tout à fait remarquable. Il est l'un des premiers à avoir fait une distinction entre d'une part les épicuriens véritables qui, à l'image d'Épicure lui-même, sont non seulement des gens qui ne conçoivent pas le plaisir comme souverain bien s'il n'est accompagné de la vertu, mais mènent eux-mêmes une vie modérée et d'autre part les jouisseurs qui prennent prétexte de la lettre des doctrines

1. Cf. note 2, p. 70.

épicuriennes pour mener une vie d'excès (cf. XIII, 2). Pour lui, Épicure est un sage, et il l'affirme contre ses amis stoïciens : « Je suis personnellement d'avis (et je soutiendrai cela malgré mes compagnons) qu'Épicure a des préceptes purs, droits et, pour peu qu'on les considère d'assez près, austères » (XIII, 4). Pourtant, cette nuance dont Sénèque fait preuve dans son approche de l'épicurisme ne le conduit en aucun cas à s'éloigner du stoïcisme. Les notes de la présente traduction signalent plusieurs passages qui montrent à quel point Sénèque a en tête la doctrine stoïcienne la plus orthodoxe quand il critique les thèses épicuriennes. On aurait pu en trouver d'autres. Il faut aller plus loin : la manière que Sénèque a de réintégrer Épicure dans la famille des sages tourne le dos à toute tentative syncrétique. Quand Sénèque réhabilite Épicure et même l'école épicurienne (XIII, 5), c'est avec ce correctif important que ces gens-là n'ont pas su exprimer le fond de leur doctrine et sont ainsi responsables du mauvais usage qu'en font les jouisseurs. Dans un passage du traité sur *Le loisir*, passage qui est aussi en partie consacré à une sorte de réhabilitation d'Épicure, Sénèque tient des propos qui, détachés de leur contexte, pourraient indiquer que son intention est bien syncrétique :

> « ... il existe trois genres de vie parmi lesquels on cherche habituellement à déterminer le meilleur : le premier est consacré au plaisir, le deuxième à la contemplation, le troisième à l'action. Tout d'abord, oublions la polémique et cette haine implacable que nous avons vouée aux tenants des écoles adverses, et voyons si toutes ces doctrines, sous des étiquettes aussi variées, n'ont pas la même finalité. Le partisan du plaisir ne refuse pas la contemplation ; celui qui s'est voué à la contemplation n'ignore pas non plus le plaisir ; et celui dont la vie est dédiée à l'action ne rejette pas davantage la contemplation » (VII, 1, trad. P. Miscevic).

Or ce que montre la suite de ce texte, y compris à travers une allusion à la conversion de son ami Sérénus – auquel sont dédiés les traités sur *La Constance du sage*, *La Tranquillité de l'âme* et peut-être *Le loisir* – de l'épicurisme au stoïcisme, ce n'est pas du tout que Sénèque serait partisan d'une incorporation d'éléments épicuriens dans la doctrine stoïcienne. On sait que les stoïciens voyaient dans la division, devenue traditionnelle parmi les philosophes, des trois genres de vie une fausse construction puisque la vie du sage stoïcien cumule les avantages des trois vies (cf. le passage, sans doute mal transmis, de Diogène Laërce VII, 130 : la vie rationnelle, qui, selon les stoïciens, doit être choisie, réconcilie vie pratique et vie contemplative). La réconciliation entre écoles que propose Sénèque doit se faire par l'adoption des positions stoïciennes, parce que au fond tous les philosophes de bonne foi sont stoïciens, même si c'est souvent sans le savoir.

De même, à propos du fameux passage d'une lettre à Lucilius dans lequel Sénèque dit qu'il faut imiter les abeilles et butiner à diverses sources (88, 5). Si on lit le texte d'assez près, on voit bien où Sénèque veut en venir. Après la comparaison de l'abeille, il enchaîne par une métaphore dans laquelle il compare l'assimilation des doctrines à l'assimilation des aliments par le corps. Comment mieux dire qu'il s'agit, pour le stoïcisme, d'annexer en les transformant les thèses des autres écoles [1] ? Les marques d'indépendance par rapport à l'école sont finalement rares. On en trouve une dans *La Vie heureuse*, quand Sénèque soutient « contre ses compagnons » qu'Épicure a de bons principes (XIII, 4). Le degré le plus bas de la révolte, en quelque sorte [2]...

1. « Les aliments absorbés, tant qu'ils se conservent tels quels [...] sont une charge pour l'organisme. [...] Procédons de la même manière pour la nourriture de l'esprit : n'acceptons pas que quoi que ce soit qui entre en nous demeure intact, de peur qu'il ne soit jamais assimilé. »

2. L'orthodoxie stoïcienne de Sénèque fait que, sur un point aussi important que la doctrine de la conflagration universelle, il est un fondamentaliste. Il semble avéré que cette thèse cruciale du premier stoïcisme – selon laquelle l'univers était périodiquement résorbé dans le feu initial pour renaître sous une forme absolument identique – avait été abandonnée au moins dès Boéthos de Sidon et en tout cas avec Panétius de Rhodes. Or Sénèque la réaffirme à la fin de la *Consolation à Marcia*.

Cette modération de la part de Sénèque vis-à-vis d'Épicure a certainement plus d'une cause, et il serait intéressant de s'arrêter sur ce point, mais ce n'est pas ici le lieu de le faire. Elle ne procède pas, en tout cas, d'une envie d'« épicuriser » le stoïcisme. Elle incite pourtant à une mise en perspective intéressante de la trajectoire intellectuelle de Sénèque. C'est une position constamment réaffirmée par les stoïciens que le sage doit participer à la vie sociale – se marier, avoir des enfants… – et politique. Le sage épicurien, au contraire, se retire du monde et les Anciens lui ont beaucoup reproché son abstention politique. Sénèque plus que tout autre a mis en application les préceptes stoïciens sur ce point, en devenant un acteur direct non seulement de la politique mais de l'histoire. Je rappellerai plus bas que son ambition n'était rien moins que de changer le cours de l'histoire, en s'appuyant, évidemment, sur son statut de précepteur de Néron. Après avoir, enfin, compris qu'il faisait fausse route et que Néron ni ne menait le monde ni ne le menait lui-même où il avait rêvé qu'il les menât, Sénèque songea à la retraite. Nous verrons ci-dessous dans quelles conditions et avec quel succès. Autrement dit, Sénèque, qui prend bien soin, dans le traité de *La Vie heureuse*, de se peindre comme un aspirant en marche vers la sagesse et qui ne l'atteindra sans doute jamais, rêva finalement de l'atteindre sous sa forme épicurienne.

La seconde partie de *La Vie heureuse* traite un tout autre sujet que ceux abordés dans la première, mais, même si le ton a radicalement changé – de cela nous allons parler bientôt –, les considérations de la seconde partie sont bien un prolongement de celles de la première. Cette seconde partie, en effet, entend principalement montrer que l'on peut posséder de grandes richesses et être non seulement un aspirant à la sagesse mais même un sage. On a soutenu [1] que la méthode de

1. E. Albertini [1923], p. 258. Les arguments de E. Albertini ne sont pas sans poids.

composition, sinon unique du moins habituelle, des traités de Sénèque était l'association d'idées plutôt qu'une construction logique. Selon le même auteur, cela serait particulièrement vrai pour *La Brièveté de la vie* et encore plus pour *La Vie heureuse*. Si le changement de sujet d'une partie à l'autre peut entrer dans cette catégorie de l'association, cela nous éviterait des hypothèses hasardeuses comme de supposer que Sénèque a cousu ensemble deux textes distincts. En tout cas, il y a changement de sujet, les deux sujets concourant par ailleurs à un même but.

Mais le changement de forme est encore plus remarquable. C'est, en effet, avec une violence et une hargne sans équivalents dans le reste de son œuvre que Sénèque attaque ceux qui accusent les philosophes de dire blanc et de faire noir, à savoir, en l'occurrence, de prêcher la vanité des biens matériels et de vivre dans un luxe indécent. Avec la meilleure volonté du monde, il est tout à fait impossible de ne pas voir dans cette partie une réponse aux accusations dont Sénèque lui-même faisait l'objet. Du point de vue strictement stoïcien, il n'y a rien à objecter à Sénèque. La richesse est, en effet, un « préféré » que l'on ne doit certainement pas rejeter. Sénèque affirme qu'on peut posséder des richesses sans être possédé par elles, il pense que la richesse peut être l'occasion et, qu'en tout cas, elle est la condition nécessaire pour exercer des vertus comme la libéralité. Pourquoi ne pas le croire ? La position stoïcienne sur le sujet est, en effet, que, pour reprendre l'image de Sénèque (XXII, 4), quand on a une voiture il est inutile d'aller à pied, mais il faut qu'en montant en voiture d'une part je sache bien que cette voiture peut venir brusquement à me manquer, d'autre part que je sois préparé à effectuer le chemin à pied. Étant entendu que si le chemin se révèle insupportable, il me reste la possibilité de me suicider.

Il y a au moins deux points sur lesquels on pourrait mettre Sénèque en difficulté, et qu'il se garde bien de mentionner. D'abord, Sénèque ne fait nulle différence entre l'aisance et l'extrême richesse. Or tous les philosophes qui ont reconnu que la richesse, en préservant du besoin et en permettant une conduite libérale, pouvait concourir à la vie vertueuse – c'est-à-dire pour ainsi dire tous les philosophes sauf les cyniques et quelques socratiques – avaient en tête des richesses modérées. L'analyse la plus intéressante sur ce point est celle qu'Aristote propose dans le premier livre des *Politiques* à propos de la « chrématistique » : le maître de maison doit gérer convenablement son patrimoine pour acquérir l'autonomie (l'« autarcie ») qui est une condition de la vertu et donc du bonheur. Mais « faire de l'argent » par une spéculation complètement découplée de la sphère des besoins, ce qui est proprement la « chrématistique », est une activité aliénante – le concept y est sinon le mot – qui, du coup, est contraire à la vertu. Suffisait-il à Sénèque que les stoïciens antérieurs, pour autant que nous pouvons le savoir, n'aient pas traité cet aspect précis du problème de la richesse pour l'ignorer ? C'est pourtant sous cette forme qu'il se posait personnellement à lui. Le second point sur lequel il faudrait attaquer Sénèque est le suivant. On comprend bien pourquoi il ne faut pas repousser la richesse. Mais Sénèque fait comme si elle lui avait été donnée sans participation de sa part. Une question autrement plus intéressante que celles posées par Sénèque serait : faut-il la rechercher et dépenser pour cela de grands efforts et, de ce fait même, beaucoup de temps ? C'est dans le cadre du traité sur *La Brièveté de la vie* que cette importante question doit être replacée. Nous y reviendrons. Mais, surtout, ce problème débouche sur la question décisive et dramatique de l'*origine* des richesses de Sénèque.

Il me semble, en effet, que notre réflexion sur les remarques de Sénèque à propos des richesses peut rebondir dans une direction imprévue et fort intéressante si on considère ensemble ces deux problèmes cruciaux que Sénèque semble soigneusement éviter. D'où viennent les immenses richesses de Sénèque ? Non pas principalement du patrimoine familial, mais de la faveur de Néron. Tout Romain de cette époque établissait ce rapport entre les fonctions de conseiller (d'« ami ») du prince et la richesse de Sénèque. Or nous touchons là un aspect autrement plus important de la vie de Sénèque que celui des problèmes moraux que lui posaient ses richesses. Les historiens [1] parlent de « désillusion » ou de « grande déception » à propos de la période de la vie de Sénèque dans laquelle a été rédigé le traité de *La Vie heureuse.* C'est vraiment peu dire. En fait, à cette époque la vie même de Sénèque se révèle, radicalement et structurellement, *tragique.* Il ne faut pas appeler « tragique » n'importe quoi, et sans doute Sénèque, auteur de tragédies, le savait-il mieux qu'un autre. Les événements fortuits ne peuvent pas être tragiques, si cruels soient-ils parfois. Sénèque est un héros tragique parce qu'il s'est librement mis dans une situation dont toutes les issues sont catastrophiques et qu'il s'est condamné à assumer cette situation. Reprenons donc cette histoire.

Sénèque a dû trouver que la gloire mettait longtemps à venir, mais enfin elle vint. À l'avènement de Néron, en 54, Sénèque est l'homme le plus en vue à Rome. Tout lui réussit : il est immensément riche, il est l'auteur littéraire le plus reconnu, il est très introduit dans les cercles du pouvoir, puisque depuis 49 il est le précepteur du futur empereur, Néron. Il est même revêtu de l'aura du persécuté puisque l'empereur Claude l'a exilé en Corse en 41. Une péripétie de ce genre est toujours appréciable pour un intellectuel qui marque ainsi son indépendance d'esprit, même si le motif, peut-être fondé, de l'exil fut un prétendu adultère de Sénèque avec Julia Livilla, une fille de Germanicus, c'est-à-dire une sœur d'Agrippine, la mère de Néron [2].

1. F.-R. Chaumartin, P. Veyne.

2. Derrière cette accusation, même si elle est vraie – ce que nous ne saurons sans doute jamais –, il y a évidemment des luttes politiques, et notamment l'acharnement de Messaline contre les filles de Germanicus. Sénèque s'est relativement bien tiré de cette affaire, alors que Julia Livilla finit par être exécutée. La seule que Messaline ait épargnée, on ne sait trop pourquoi, était sans doute la plus dangereuse, à savoir Agrippine.

Celle-ci ne semble pas s'être offusquée de cet écart de conduite imputé à Sénèque, puisque c'est elle qui obtint son retour. D'abord homme lige d'Agrippine, Sénèque fut ensuite considéré par elle comme un obstacle à l'influence qu'elle voulait exercer sur son fils, comme elle en avait exercé une sur l'empereur Claude, son dernier mari. C'est du moins la version de Tacite, reprise par Racine. Mais le couronnement de cette vie exceptionnelle devait advenir avec l'avènement de Néron. Sénèque eut l'illusion qu'il allait être le maître spirituel d'un empereur vertueux et quasiment parfait et qu'il allait pouvoir jeter les bases d'un nouveau type de pouvoir, celui d'une monarchie rationnelle et éclairée. Eut-il l'impression qu'il pouvait réaliser dans les faits l'idéal stoïcien d'une cité universelle gouvernée par la raison ? Il est aussi difficile de croire qu'il n'y a pas pensé que de déterminer jusqu'où il y a pensé. Le traité sur *La Clémence* est plein de ces espoirs d'un avenir radieux sous le soleil de la raison. Sénèque a dû se voir dans les habits de l'idéologue du nouveau principat. A-t-il pensé réussir là où Aristote, malgré sa position de précepteur d'Alexandre, avait échoué ?

On sait comment les choses finirent quand le « monstre naissant » dont Racine parle dans la première préface de *Britannicus* eut fini de naître et eut grandi. Lorsque quelqu'un est le conseiller favori d'un criminel qui l'a enrichi au-delà du raisonnable, qui lui a procuré des honneurs auxquels il n'aurait pas pensé parvenir et qui s'est proclamé son élève, il est difficile qu'il n'apparaisse pas comme le complice de ses crimes. La situation a dû être particulièrement difficile et, comme je l'ai dit, tragique du fait que Néron ne s'est pas, un beau jour, endormi vertueux pour se réveiller monstrueux le lendemain, mais que la glissade a été progressive et qu'à chaque étape Sénèque pouvait encore espérer éviter le pire et ramener le prince à la raison. Ce n'est qu'*a posteriori* que l'on peut décider que, par exemple, c'est le meurtre de Britannicus qui aurait dû constituer pour Sénèque le point de non-retour. Enfin ce point arriva, on ne sait sous quelle forme, mais il arriva : en 62, Sénèque proposa à Néron de lui rendre tous les biens qu'il lui devait en échange de sa liberté, sous prétexte qu'il voulait se consacrer à la philosophie. Mais l'entourage de l'empereur – Sénèque avait le titre d'« ami du prince » –, comme la mafia, est une société qu'on ne quitte pas.

Tacite raconte la scène dans un des passages les plus saisissants des *Annales*, en reproduisant les discours de Sénèque, qui répondait à ses calomniateurs et proposait d'abandonner ses titres et ses biens, et de Néron. Même si l'on fait la part du fait que Tacite réécrit des événements dont il n'a été ni le témoin ni le contemporain – il a presque soixante ans de moins que Sénèque –, mais aussi de ses partis pris et notamment du peu de sympathie qu'il éprouvait pour Sénèque, on voit bien le piège dans lequel un Néron pervers enferme Sénèque. La passage vaut d'être cité :

> « Pourquoi, aurait dit Néron, s'il est vrai que je puis parfois glisser sur la pente où la jeunesse m'a entraîné, n'es-tu pas là pour m'arrêter ? Pourquoi ne pas soutenir de tes conseils la force que je dois à l'âge ? Pourquoi ne pas la diriger avec plus de force que jamais ? Ce n'est pas de ta modération qu'on parlera, si tu renonces à tes biens, ce n'est pas de ta retraite, si tu abandonnes ton prince : non il n'y aura qu'une voix pour incriminer mon avarice, pour me reprocher les craintes que ma cruauté fait concevoir. Quand bien même on louerait un jour ton désintéressement, jamais il ne sera bienséant pour un sage de perdre la réputation d'un ami pour s'assurer la gloire » (*Annales* XIV, 56, trad. H. Goelzer).

Sénèque ne peut pas partir parce que lui seul peut arrêter Néron sur la pente fatale sur laquelle il est engagé et que c'est son devoir de le faire parce qu'il deviendrait sage au prix de la trahison de son amitié avec Néron, lequel passerait pour mauvais. La menace n'est pas loin non plus : partir c'est, en fait, proclamer malgré soi, que l'empereur est avare et cruel. Pour faire bonne mesure, Néron, selon Tacite, accompagna tout son discours « d'embrassements et de baisers ». De ce piège Sénèque ne pourra sortir que par le suicide. Néron a prouvé dans la pratique qu'il peut se trouver une situation dont le sage stoïcien, qui se vante pourtant de ne pas dépendre du monde extérieur, ne peut pas se sortir sans pécher : dans un cas il couvre de son autorité de philosophe des crimes qui se multiplient, dans l'autre il abandonne ses concitoyens, trahit l'amitié et l'Empire.

Les biographes de Sénèque ont pourtant l'habitude de dater de 62 une nouvelle période dans sa vie, qu'ils appellent sa « retraite » [1]. Il est, de fait, avéré qu'à ce moment Sénèque fut moins présent à la cour, s'enferma chez lui et, surtout, s'attela à la rédaction de beaucoup de ses œuvres en même temps qu'il lut ou relut les œuvres des anciens philosophes. Mais il ne faut pas se leurrer. Tacite, avec cet art de dire l'essentiel en peu de mots qu'il a porté à la perfection, remet en quelque sorte les choses en place : « Sénèque lui [à Néron] rendit grâces, conclusion ordinaire des entretiens avec un maître (*finis omnium cum dominante sermonum*) ; mais il rompit les habitudes de sa puissance passée : il défend qu'on lui fasse visite en foule ; il évite les cortèges, se montre à peine dans la ville, sous prétexte que l'état de sa santé ou bien l'étude le retenaient chez lui » (*ibid.*). Moins se montrer à la cour et en ville, c'est loin d'être la manifestation de la liberté du sage stoïcien, surtout quand on affiche que ce retrait se fait avec le consentement du prince et qu'on est obligé d'invoquer des prétextes malgré tout un peu misérables. Pour Néron, en revanche, l'opération est doublement bénéfique : d'un côté, il empêche Sénèque de consommer une rupture symbolique qui eût été une blessure infligée au narcissisme impérial, d'un autre côté, il se débarrasse de Sénèque comme empêcheur d'assassiner en rond, pour se livrer enfin à la violence de ses passions. Tacite le dit aussi, dont les mots qui suivent immédiatement le passage juste cité sont : « *Perculso Seneca*, une fois Sénèque abattu... »

1. Cf. par exemple P. Grimal [1978], p. 212 sv.

Il me semble qu'il y a là un obstacle autrement formidable que les richesses, si grandes soient-elles, sur la voie de la sagesse. On me répondra que Sénèque a choisi, dans *La Vie heureuse*, de traiter d'un autre sujet, à savoir des rapports entre sagesse et richesses. Or j'ai l'impression que l'on peut trouver, dans ce traité, ce que les rhétoriciens appellent une « métonymie de l'effet », cette figure qui fait substituer l'effet à la cause. Ainsi, exemple repris par P. Fontanier, quand on appelle Achille « la perte des Troyens » parce qu'il est la cause de cette perte. Le pouvoir, lui aussi, est un « préféré ». Mais Sénèque a douloureusement vécu un démenti important à la théorie stoïcienne des préférés : dans la position qui est la sienne, il est parfois – sans doute souvent, peut-être toujours – impossible de faire un usage correct de ce « préféré » parce qu'on ne peut le posséder sans qu'il vous possède. Pour dire les choses schématiquement, Sénèque dit : « je peux aller vers la philosophie avec mes richesses parce qu'elles ne sont rien pour moi et que je suis prêt à m'en séparer », alors qu'il voudrait, mais ne peut pas, dire : « je désire aller vers la philosophie, mais je sais maintenant que je dois d'abord me séparer du pouvoir, qui n'est rien pour moi ».

Quels arguments peut-on produire à l'appui d'une telle lecture ? Comme il était tout à fait impossible que Sénèque écrivît un traité « sur l'abandon des fonctions d'ami du prince », il montre qu'il y a moyen de continuer de se dire philosophe tout en continuant de vivre avec le résultat – l'effet – le plus obvie et le plus massif de ces fonctions, à savoir ses richesses. De cette liaison, il faut renoncer à trouver une mention très explicite. Au moins apparaît-elle sous des formes subreptices qui prennent des figures diverses, parfois agaçantes, parfois poignantes.

On peut d'abord se demander si la longue et virulente condamnation de l'avis de la majorité et du peuple, au début du traité, qui est formulée à travers des métaphores politiques, n'est pas une critique voilée de la manière démagogique dont Néron exerçait le pouvoir. La foule, on le sait, aimait Néron. Il y aurait aussi là, de la part de Sénèque, la reconnaissance d'un échec majeur dans sa mission d'éducateur du prince. À cela il faut ajouter l'émouvante confession de la désillusion de Sénèque : « J'ai fait tout mon possible pour me distinguer de la multitude et me faire remarquer par quelque mérite : qu'ai-je fait d'autre que de m'exposer aux traits et m'offrir aux morsures de la malveillance ? Tu vois ces gens qui trouvent mon éloquence enviable, qui recherchent ma richesse, qui adorent ma faveur, qui exaltent ma puissance ? Tous sont des ennemis ou, ce qui revient au même, peuvent l'être » (II, 3-4).

Il y a aussi la mention explicite que ce qui empêche Sénèque d'accéder à la sagesse, c'est non pas qu'il est riche, mais qu'il n'est pas libre. Les commentateurs sont d'accord pour voir dans sa déclaration de XVIII, 1 – « quand je le pourrai, écrit Sénèque, je vivrai comme il le faut » – une allusion à ses obligations auprès du prince. Si l'on accepte cette lecture, l'affirmation de Sénèque selon laquelle il ne sera jamais un sage (XVII, 3) prend une résonance nouvelle. Contrairement à ce que l'on a parfois dit, Sénèque ne croit pas du tout que l'état de sage soit hors d'atteinte. Ainsi, dans une lettre à Lucilius, il se souvient de son maître « indirect » Sextius (64, 5). Q. Sextius Niger mérite que l'on s'arrête un peu sur sa personnalité. Il vivait du temps de César et descendait d'une bonne famille romaine. En plus de dialogues philosophiques rédigés en grec, il aurait aussi, d'après Pline l'Ancien, écrit un ouvrage de médecine. Il semble qu'il avait des principes très proches du stoïcisme, mais il refusait de se laisser cataloguer comme stoïcien, prétendant avoir fondé une école philosophique purement romaine [1]. Mais, chose tout à fait remarquable – Sénèque le rappelle dans une lettre à Lucilius (88, 13) –, César lui offrit une carrière sénatoriale que Sextius refusa. Dans la lettre mentionnée plus haut (64, 5), Sénèque écrit : « J'ai besoin

1. Sextius n'était donc pas de l'avis de P. Aubenque et J.-M. André : il pensait qu'on pouvait faire une philosophie romaine en grec.

d'une victoire à remporter, d'une lutte qui exerce ma résistance. Car il faut accorder à Sextius un autre mérite éminent : en te révélant les grandeurs de la vie heureuse, il ne t'enlève pas l'espoir de les atteindre. Tu te persuaderas que cette vie se déploie dans une sphère sublime, mais accessible à qui sait le vouloir. » Sénèque sait donc qu'il ne sera jamais sage tant qu'il ne quittera pas le cercle du pouvoir. C'est pourquoi, j'ai l'impression que cette affirmation qu'il ne sera jamais sage n'est pas un constat de sa propre faiblesse, mais la conscience *tragique* qu'il est pris dans un piège dont, comme nous l'avons vu, il ne pourra sortir que par la mort. C'est d'ailleurs comme le souffle de la mort que l'on ressent parfois dans le texte. Ainsi, à la soudure des deux parties, en XVI, 3, quand Sénèque écrit : « Mais pour celui qui tend à la vertu, même s'il a beaucoup progressé, il a besoin d'une certaine bienveillance de la part de la Fortune durant le temps où il lutte parmi les affaires humaines, jusqu'à ce qu'il ait dénoué ce nœud et tout lien mortel. » Le « lien mortel » est le lien qui nous unit à la vie, nous qui sommes mortels. Ce passage dit donc, littéralement, que ce n'est qu'après sa mort que l'aspirant à la sagesse deviendra sage. À moins que Sénèque ne pense que quitter la vie politique soit aussi une manière de « dénouer ce nœud » et de mettre fin à cette période de « lutte parmi les affaires humaines ». À moins aussi que, par une autre métonymie, mais de la cause cette fois, « mortel » ne signifie également « ce qui fait mourir ». La chose est plus facile en français qu'en latin, puisque *mortalis* signifie « mortel » au sens de périssable non au sens de mortifère, alors qu'en français « mortel » s'applique aussi, par exemple, au coup qui fait mourir.

Dans *La Vie heureuse* (XVIII, 3), Sénèque dit son admiration pour Démétrius le Cynique – qu'il cite à sept reprises dans ses autres œuvres – qui était surtout fameux pour avoir refusé l'argent que Caligula lui offrait. Sénèque n'a pas refusé les cadeaux des empereurs. La (mauvaise) conscience du caractère aliénant de sa fortune du fait de son origine peut le mener jusqu'au déni pur et simple. Quand en XXIII, 1, il dit que « le philosophe aura de grandes ressources, mais qui n'auront été enlevées à personne, qui ne dégoutteront pas du sang d'autrui », ou au paragraphe suivant que « de fait le sage ne rejettera pas loin de lui les faveurs de la Fortune et ne se glorifiera pas plus qu'il ne rougira d'un patrimoine acquis par des moyens honnêtes », on reste un peu pantois. Il est évident que l'argent reçu du prince a été volé et dégoutte de sang… On sait comment les empereurs comme Néron procédaient pour se procurer les richesses dont ils comblaient leurs favoris.

En 62, Sénèque décidera de dénouer le nœud mortel en remettant sa démission – terme d'ailleurs légèrement impropre – à Néron et en lui rendant les biens que celui-ci lui avait donnés. « Où la Fortune placera-t-elle plus sûrement sa richesse que chez celui qui la restituera sans plainte après l'avoir reçue ? », dit *La Vie heureuse* (XXI, 1). On connaît le résultat… Il est, à ce propos, un passage particulièrement intéressant du traité sur *Le Loisir* (VIII, 1). Pour se mettre en règle avec le stoïcisme orthodoxe – il faut remarquer ce point qui confirme ce que nous avons vu de la soi-disant révolte de Sénèque contre les préceptes de l'école stoïcienne –, Sénèque en réfère à Chrysippe et aux autres stoïciens :

> « Les préceptes de Chrysippe autorisent de vivre dans le loisir ; je ne dis pas un loisir passif mais un loisir résolument choisi. Les philosophes de notre école affirment que le sage ne doit pas participer à toute forme de république ; mais qu'importe la manière dont le sage arrive au loisir, que ce soit la république qui lui fasse défaut ou l'inverse, si la république doit de toute façon faire défaut ? Or elle fera toujours défaut à qui considérera les choses avec dégoût (*fastidiose*) » (trad. P. Miscevic modifiée).

En 62, l'heure du dégoût est venue pour Sénèque.

En résumé, le traité sur *La Vie heureuse* peut être défini comme un texte philosophique ayant subi les assauts du monde extérieur. Il présente comme tous les dialogues de Sénèque la double caractéristique d'être un écrit protreptique et de puiser largement dans les expériences personnelles de l'auteur. P. Grimal a certainement raison de remarquer que l'acte même d'écrire chez Sénèque a aussi un rôle de clarification et de mise en forme de ses propres idées. Et Grimal de citer des passages des *Lettres à Lucilius* [1] dans lesquelles Sénèque indique qu'il ne peut s'approprier les idées qu'il a glanées dans ses lectures qu'en passant de la lecture à l'écriture [2]. À la lumière des principes fondamentaux du stoïcisme, il offre une analyse de sa propre situation. Mais j'ai proposé de voir cette analyse se déployer à deux niveaux et non à un seul comme tous les autres l'ont fait. Le premier niveau, sur lequel tout le monde est d'accord, c'est celui de l'autojustification : d'après la théorie stoïcienne des « préférés », Sénèque est justifié de prétendre tendre à la sagesse tout en ayant une grande fortune. Mais le second niveau, bien plus essentiel, concerne le fondement même de ces richesses ; or, pour les raisons qui ont été données, à ce niveau Sénèque s'avance masqué. On devine, à l'arrière-plan de la justification véhémente de Sénèque, le tragique d'une situation sans issue et qui le prive de tout espoir de parvenir à la sagesse. Le traité retrouve alors la perspective protreptique qui est normalement celle des dialogues. Mais la perspective seulement et non pas l'effectivité de l'exhortation qui fait l'une des caractéristiques de ce genre de texte.

Un tout dernier point à propos de *La Vie heureuse* : les interprètes, avec une quasi-unanimité d'autant plus suspecte qu'elle ne repose sur aucun élément matériel, ont décidé que ce traité nous était parvenu sous une forme incomplète. Je partage l'avis de Paul Veyne qui pense qu'il n'en est rien. Le final apocalyptique du

1. *Lettres* 84, 115.
2. P. Grimal [1978], p. 327.

traité ne convient-il pas fort bien, même s'il ne semble s'adresser qu'aux gens qui critiquent la philosophie, comme conclusion de cette méditation existentielle sur la richesse et le pouvoir ?

Le traité sur *La Brièveté de la vie*, quant à lui, est d'une tout autre facture, finalement plus conforme à celle des autres dialogues philosophiques de Sénèque. C'est pourquoi on l'étudie souvent de concert avec d'autres dialogues, notamment *La Constance du sage*, *La Tranquillité de l'âme* et *Le Loisir* [1]. Il a pourtant des caractères propres qu'il faut souligner, renvoyant, pour les caractères communs à tous ces traités, aux études spécialisées, et d'abord à celles citées dans cette introduction. Quiconque a lu le dialogue a noté le rôle fantomatique du dédicataire, à tel point que c'est pour *La Brièveté de la vie* que le titre de « dialogue » semble le plus usurpé. Ce dédicataire est Pompeius Paulinus, originaire d'Arles, dont Sénèque épousera la fille en secondes noces à son retour d'exil en 49. Sénèque et son beau-père avaient le même profil sociologique, d'abord en ce qu'ils appartenaient à une catégorie sociale identique, celle des riches bourgeois provinciaux que les empereurs appelèrent à de hautes fonctions administratives. Ils sont un peu l'équivalent, dans l'Empire de cette époque, de la noblesse de robe du XVIIe siècle français. Comme la noblesse d'épée, la classe sénatoriale s'était, depuis la fin de la République, crispée sur ses privilèges et avait, dans le domaine économique notamment, été dépassée par la classe équestre. Mais le titre de sénateur garde de son prestige. Les empereurs, surtout après Néron, s'appuyèrent sur cette classe montante. Sénèque fut l'un des premiers de ces riches provinciaux qui obtinrent le titre de consul, et encore de consul « suffect » c'est-à-dire subrogatoire.

Paulinus et Sénèque ont pourtant eu des carrières non seulement différentes, mais, d'un certain point de

1. Cf. J.-M. André [1989].

vue, inverses l'une de l'autre. Alors que Sénèque était exilé, Paulinus poursuivit sa carrière. Lorsque Sénèque lui adresse *La Brièveté de la vie*, il est « préfet de l'annone », chargé de l'approvisionnement de Rome en blé. Au moment où Sénèque est à l'apogée de son influence politique, Paulinus poursuit une ascension sociale qui le mène de l'ordre équestre à l'ordre sénatorial, mais il fait évidemment pâle figure comparé à son gendre. La belle-famille de celui-ci n'a d'ailleurs pas à s'en plaindre, puisque Sénèque fit nommer son beau-frère chef des armées de Germanie inférieure. Puis quand Sénèque prend sa soi-disant « retraite », qui est plutôt une sorte de disgrâce, la famille de Paulinus réapparaît sur le devant de la scène : Néron nomme en 63 son fils, l'ancien chef militaire de Germanie, « préposé aux revenus publics » avec deux autres consulaires.

La grande différence entre eux, c'est que Sénèque peut être considéré comme un *politicien*, alors que Paulinus est un haut fonctionnaire. Paulinus partage donc les mêmes dilemmes existentiels que Sénèque, mais sous une forme atténuée. Il n'aura pas à s'affronter directement à un pouvoir qu'il n'a pas côtoyé d'aussi près que son gendre. De même, s'il est intéressé par la philosophie et s'il devait être, au moins en paroles, tenté par une vie intellectuelle qui l'aurait éloigné des responsabilités administratives, il n'est pas membre d'une école. Sérénus, au contraire, à qui sont dédiés les trois autres dialogues cités plus haut, est engagé dans la vie philosophique : il est d'abord épicurien avant de passer au stoïcisme. S'adressant à un honnête homme dilettante, *La Brièveté de la vie* est donc un traité bien moins « technique » que les autres. Peut-être cette quasi-absence de doctrine rend-elle plus apparente, et plus pesante, la place de la rhétorique dans ce court traité. C'est que Paulinus, comme tous les hommes d'action de son temps, est rompu à la rhétorique. *La Brièveté de la vie* est donc un traité plus rhétorique que philosophique. Un exemple intéressant de cette espèce de renoncement à la philosophie dans notre traité est donné dès le début, quand Sénèque invoque le thème de la « méchanceté de la nature ». Il montre qu'il s'agit là d'une illusion en s'appuyant sur l'expérience vécue par chacun, sans aucunement se référer aux doctrines providentialistes des stoïciens (de même en II, 1).

Quand il fait l'éloge de la sagesse dans *La Brièveté de la vie*, Sénèque parle non pas du sage stoïcien, mais du sage en général qui est une sorte d'image générique, puisque c'est ainsi que l'on appelle le procédé qui consiste à superposer les images des membres d'une même famille, effaçant ainsi leurs caractéristiques individuelles pour ne garder que les traités communs : « Nous pouvons discuter avec Socrate, douter avec Carnéade, nous reposer avec Épicure, vaincre la nature humaine avec les Stoïciens, la dépasser avec les Cyniques » (XIV, 2). Voilà qui pourrait apporter un argument aux partisans de la lecture syncrétique de Sénèque [1]. Cette interprétation ne tient pas, pour la raison qui a été donnée, à savoir que Sénèque s'adresse à un honnête homme et, volontairement, ne fait donc pas œuvre de philosophe spécialiste. On voit, de plus, qu'au détour d'une analyse, Sénèque réaffirme subrepticement son adhésion aux doctrines stoïciennes ; par exemple quand il rappelle que le temps est un « incorporel » (VIII, 1). Il semble bien, d'ailleurs, que le message de Sénèque à Paulinus comporte, après l'exhortation à faire de la philosophie, une sorte de recommandation en pointillé d'avoir à choisir une école particulière. C'est ce qu'il dit dans ce passage remarquable : « Nous avons coutume de dire qu'il ne fut pas en notre pouvoir de choisir nos parents, le hasard nous les ayant donnés ; mais il nous est permis de naître à notre gré. Il y a des familles de nobles génies : choisis celle où tu veux être admis : par adoption, tu ne recevras pas seulement leur nom, mais leurs biens eux-mêmes que tu n'auras pas à défendre en avare, de manière abjecte » (XV, 3).

1. Ainsi J.-M. André [1962], p. 33 cite le passage XV, 3 avec le passage de *La Vie heureuse* III, 2 comme témoignant que « par expérience intellectuelle et par tempérament, Sénèque se révélera de plus en plus éclectique ».

Il n'est donc pas surprenant que les spécialistes qui se sont penchés sur le plan de *La Brièveté de la vie* y aient vu les étapes d'un exposé obéissant aux règles de la rhétorique. Jusqu'au chapitre X, Sénèque explique, en s'appuyant sur des exemples historiques, que c'est l'absence de loisir qui rend les hommes malheureux : c'est la *narratio.* Puis vient la *propositio* : « la vie des hommes occupés est extrêmement courte » (X, 1). Cette *propositio* est illlustrée par une *argumentatio* en deux parties, l'une montrant que le loisir est utile, l'autre qu'il est moralement beau.

On s'accorde généralement aujourd'hui à suivre P. Grimal pour dater *La Brièveté de la vie* de 49, année où Sénèque rentre de son exil en Corse. Cela a paru bizarre à certains interprètes au motif que Sénèque presserait son beau-père de renoncer à sa charge de responsable de l'approvisionnement au moment même où il accepterait de devenir le précepteur de Néron. Il serait plus logique de penser que Sénèque prodigue de tels conseils après la grande désillusion qui devait l'amener à vouloir quitter les allées du pouvoir. Il faudrait donc dater *La Brièveté de la vie* de beaucoup plus tard, au moins rapprocher la date de composition de ce traité de celle de la composition de *La Vie heureuse.* Cette idée n'est séduisante qu'en apparence. Il est tout à fait vraisemblable que le stoïcien Sénèque, quand il se lance dans la carrière politique, ait l'illusion qu'il va pouvoir s'engager au service de la cité – ce que la doctrine de son école lui commande de faire – tout en gardant sa liberté de sage. Le *loisir* (*otium*) dont *La Brièveté de la vie* donne une première image et dont l'analyse sera poursuivie plus tard par Sénèque, notamment dans son traité sur *Le Loisir* et dans les *Lettres à Lucilius*, et qu'il donne comme le rapport correct du sage à la temporalité [1], devait lui paraître compatible avec une activité aussi « libérale » que celle d'éduquer et de conseiller le prince.

1. Ce concept d'*otium*, qui reprend des éléments du concept grec de *scholê* sans lui être identique, est fondamental et a, heureusement, été assez bien étudié. Cf. J.-M. André [1962].

Du point de vue philosophique, *La Brièveté de la vie*, en apparence décevante du fait de ses ambitions avant tout rhétoriques, n'est pas un traité aussi indigent qu'il le semblerait. L'éloge de la philosophie qui fournit la trame de *La Brièveté de la vie*, même si ce n'est pas une philosophie particulière, s'appuie sur l'idée que la philosophie seule peut aider à nous réapproprier le temps. Comme le dira en effet la première des *Lettres à Lucilius*, « toute chose est à autrui, le temps seul est à nous ». Il y a, comme certains l'ont souligné [1], dans *La Brièveté de la vie*, à travers une analyse subtile des rapports des humains au temps, l'exposition du « projet existentiel » de Sénèque : pour échapper aux pièges de la Fortune, il faut d'une part ne pas la laisser elle-même remplir notre temps, d'autre part nous rendre compte que la temporalité libre est le présent, puisque le passé et l'avenir ne dépendent pas de nous. Ce thème sera repris, de manière presque obsédante, par Épictète et surtout par Marc Aurèle.

Pierre PELLEGRIN.

1. Par exemple P. Veyne [1993], p. 262.

AVERTISSEMENT

Le traité de *La Brièveté de la vie* a été traduit par José Kany-Turpin, celui de *La Vie heureuse* par Pierre Pellegrin, qui s'est également chargé de l'appareil critique et de l'introduction.

Les traités ont été traduits sur les textes suivants :

L. Annaei Senecae, *De vita beata*, Sénèque, *Sur le bonheur*, édition, introduction et commentaire de Pierre Grimal, Paris, PUF, 1969.

L. Annaei Senecae, *De brevitate vitae*, Sénèque, *Sur la brièveté de la vie*, édition, introduction et commentaire de Pierre Grimal, Paris, PUF, 1959.

Les abréviations suivantes sont utilisées dans les notes :

D.L. = Diogène Laërce, *Vies et doctrines des philosophes illustres.*

L. S. = Long, A. et Sedley, D. [2001].

S.V.F. = Arnim, H. von [1903-1924].

ms. = manuscrit(s).

LA VIE HEUREUSE

Première partie :
le souverain bien et la sagesse

I. 1. Vivre heureux, Gallion [1] mon frère, c'est ce que veulent tous les hommes, mais, quant à discerner ce qui rend la vie heureuse, ils sont dans les ténèbres. Et il est tellement peu facile d'atteindre la vie heureuse que, plus on est pressé de la rejoindre, plus on s'en éloigne si l'on s'est trompé de chemin. En effet, quand la route conduit à l'opposé, notre rapidité elle-même augmente la distance. Il faut donc établir d'abord ce que nous devons rechercher ; puis il faut examiner en détail comment nous pouvons l'atteindre le plus rapidement, avec le souci de comprendre une fois que nous serons en chemin, si du moins c'est le bon, combien chaque jour nous abattons de besogne et dans quelle mesure nous sommes plus près de ce vers quoi nous pousse un désir naturel.

1. Novatus, le frère aîné de Sénèque qui prit le nom de Gallio après avoir été adopté par le rhéteur Junius Gallio. Ce frère apparaît ailleurs chez Sénèque, par exemple dans le *Sur la colère*. Alors qu'il était proconsul d'Achaïe, les Juifs accusèrent saint Paul devant lui, mais il refusa de se prononcer (*Actes des Apôtres* 18, 12-17). Il se suicida après le suicide de Sénèque.

Le chemin de la foule n'est pas le bon

2. Aussi longtemps, assurément, que nous errons en tous sens en ne suivant d'autre guide que le tumulte discordant et les cris de gens qui nous appellent de divers côtés, notre courte vie sera consumée en errances, même si nous nous efforçons nuit et jour d'acquérir un esprit juste [1]. Déterminons donc et où nous tendons et par quels moyens, non sans l'aide de quelqu'un d'expérimenté qui ait déjà exploré les voies où nous avançons, puisque, de fait, les conditions ne sont pas les mêmes dans ce cas et dans les autres voyages : dans ceux-ci, quand on connaît la route et qu'on a interrogé des habitants, on ne saurait se tromper, alors que dans celui-là c'est le chemin le plus battu et le plus fréquenté qui trompe le plus. **3.** Rien, donc, n'a plus d'importance que d'éviter de suivre, comme le font les moutons, le troupeau de ceux qui nous précèdent, nous dirigeant non pas où il faut aller, mais où il va. Et pourtant rien ne nous empêtre dans de plus grands maux que de nous régler sur les bruits qui courent, dans l'idée que le meilleur c'est ce qui est généralement reçu et c'est de vivre non selon la raison mais par imitation, ce dont nous avons moult exemples. De là vient un tel amoncellement de gens les uns sur les autres. **4.** Ce qui se passe dans une grande bousculade quand la populace se comprime elle-même (alors nul ne tombe sans en attirer un autre avec lui et les premiers sont la perte de ceux qui les suivent), tu peux le voir arriver dans toute existence : nul ne se trompe seulement pour son

1. La *bona mens* désigne la rectitude morale de l'esprit dans lequel la raison gouverne. L'« esprit juste » est donc une notion à la fois psychologique et morale.

propre compte, mais il est la cause et l'auteur de l'erreur d'autrui. Il est nuisible, en effet, d'être attaché à ceux qui nous précèdent : chacun préférant croire plutôt que juger, on ne porte jamais de jugement sur la vie, on est toujours dans la croyance ; et l'erreur transmise de main en main nous remue en tous sens et nous mène à notre ruine. Nous périssons par l'exemple des autres. Nous guérirons pour peu que nous nous séparions de la foule. **5.** Mais, en réalité, le peuple se dresse contre la raison en défenseur de son propre mal. C'est pourquoi il se produit ce qui se produit dans les assemblées où ceux-là mêmes qui ont fait les magistrats [1] s'étonnent que ce soient ceux-là qui aient été faits, lorsque l'inconstante faveur populaire a changé. Nous approuvons et nous condamnons les mêmes choses : c'est l'issue de tout jugement rendu selon la majorité.

II. 1. Chaque fois qu'il s'agira de la vie heureuse, ne va pas me répondre comme dans le vote par déplacement [2] : « on voit que ce groupe est majoritaire [3] » ; c'est précisément pourquoi c'est le pire. Il n'en va pas si bien avec les affaires humaines que ce qui est le meilleur plaise au plus grand nombre : une preuve du pire, c'est la foule [4]. **2.** Cherchons donc ce qu'il y a de mieux à faire, non ce qu'on fait le plus communément, ce qui nous établit dans un bonheur éternel et non ce qui reçoit l'approbation de la foule, le pire interprète de la vérité. Or j'appelle « la foule » aussi

1. Le texte dit « préteurs », magistrats ayant des fonctions judiciaires qui sont ensuite nommés dans une province comme propréteurs. Mais le mot a ici le sens plus général de « magistrat suprême ».

2. Au sénat, on votait souvent en allant se placer aux côtés de celui dont on approuvait l'avis.

3. Formule officielle employée au sénat.

4. Si la foule choisit un parti, cela prouve que c'est le pire.

bien les gens en chlamyde que les gens couronnés [1], car je ne prête pas attention à la couleur des vêtements qui voilent le corps, je ne fais pas confiance à un homme sur un coup d'œil : j'ai un meilleur critère [2] et plus sûr pour distinguer le vrai du faux. C'est à l'âme de trouver le bien de l'âme. Si jamais celle-ci avait le loisir de respirer et de rentrer en elle-même, oh ! comment, en s'infligeant à elle-même la torture, elle avouerait le vrai et dirait : **3.** « Ce que j'ai fait, je préférerais que cela n'eût pas encore été fait ; quand je repense à tout ce que j'ai dit, j'envie les muets ; tout ce que j'ai souhaité, je le tiens pour une malédiction de mes ennemis ; tout ce que j'ai redouté, bonté divine, combien cela a été plus supportable que ce que j'ai désiré ! J'ai entretenu une inimitié avec beaucoup de gens, et de la haine je suis revenu à l'amitié (si du moins il peut y avoir une quelconque amitié entre des méchants [3]), et je ne suis pas encore l'ami de moi-même. J'ai fait tout mon possible pour me distin-

1. La chlamyde est un manteau, principalement celui des cavaliers et des jeunes gens. L'expression de Sénèque a été comprise de deux manières opposées comme signifiant soit « les gens de peu » (parce qu'ils portaient un manteau, ce qui montre qu'ils ont des occupations) et les « oisifs » (qui portent la couronne dans un banquet), soit « les gens de biens » (le manteau étant preuve d'élégance) et les « gens de peu » (d'après l'habitude de couronner les captifs que l'on vendait comme esclaves). La meilleure interprétation est peut-être celle de P. Grimal : « les personnages de tragédie et les personnages de comédie (qui portent souvent la couronne de banquet) », autrement dit les grands comme les bourgeois.

2. « Critère » traduit *lumen* (littéralement « lumière »). L'image n'est donc pas la même en latin et en grec, où *kritêrion* vient du verbe *krinô* qui signifie « distinguer, juger ». Le problème du « critère de la vérité » est central dans les philosophies hellénistiques : pour les épicuriens, ce critère est constitué des sensations, des préconceptions et des sentiments de plaisir et de douleur ; pour les stoïciens, le critère de la vérité est la « représentation compréhensive (ou cognitive) » qui est complètement adéquate à son objet.

3. Selon les stoïciens, seuls les sages peuvent être véritablement amis (cf. par exemple D.L. VII, 124).

guer de la multitude et me faire remarquer par quelque mérite [1] : qu'ai-je fait d'autre que de m'exposer aux traits et m'offrir aux morsures de la malveillance ? **4.** Tu vois ces gens qui trouvent mon éloquence enviable, qui recherchent ma richesse, qui adorent ma faveur, qui exaltent ma puissance ? Tous sont des ennemis ou, ce qui revient au même, peuvent l'être. La foule de mes admirateurs est composée d'autant de jaloux. Ne vaut-il pas mieux que je cherche quelque bien qui soit tel à l'expérience, que je puisse ressentir, non que je puisse exhiber ? Ces choses exposées aux yeux et devant lesquelles on s'arrête, que l'on se montre l'un à l'autre en s'ébahissant, paraissent brillantes à l'extérieur, mais sont misérables à l'intérieur [2]. »

Définition du souverain bien

III. 1. Recherchons quelque chose qui soit un bien non pas d'aspect, mais d'une seule pièce, homogène, beau du côté caché : extrayons-le. Et d'ailleurs il n'est pas situé loin ; on le trouvera, il n'est besoin que de savoir où étendre la main. En réalité, comme dans les ténèbres, nous passons à côté de ce qui est tout près de nous, nous cognant contre cela même que nous désirons. **2.** Mais pour t'éviter des détours, je laisserai de côté les opinions des autres [3] (car il serait long de les énu-

1. L'éloquence ? peut-être la fortune et la réussite sociale. Première irruption du « moi » de Sénèque dans le texte.

2. Un passage du traité *De la providence* (VI, 4) suggère que Sénèque a ici en tête une comparaison architecturale : les murs sont plaqués de matériaux brillants, mais leur intérieur est grossier. La métaphore continue dans la suite du texte.

3. Depuis Aristote, l'examen d'une question philosophique commençait souvent par un exposé doxographique sur le sujet examiné.

mérer et de les réfuter) : voici la nôtre. Quand je dis « la nôtre », je ne m'attache pas à l'un quelconque des principaux stoïciens : moi aussi j'ai le droit d'émettre une opinion. C'est pourquoi je suivrai l'un, à l'autre je demanderai un vote séparé [1], et peut-être que, cité à comparaître après tous les autres, je ne m'inscrirai en faux contre aucun des avis décrétés par mes prédécesseurs et je dirai : « mon avis est qu'il faut ajouter ceci ». **3.** Pour l'instant, et il y a accord de tous les stoïciens sur ce point, je donne mon assentiment à la nature ; ne pas s'en écarter et se modeler sur sa loi et son exemple, c'est cela la sagesse. Une vie heureuse est donc celle qui est en accord avec sa nature [2], ce qui ne peut arriver que si, d'abord, l'esprit est sain c'est-à-dire en possession perpétuelle de sa santé [3], ensuite s'il est fort et vigou-

1. C'est-à-dire d'examiner séparément chaque élément de la motion proposée. Tout ce passage file une métaphore parlementaire.

2. Cf. D.L. VII, 88 : « vivre selon la vertu » (ce qui, pour les stoïciens, revient à mener une vie heureuse) équivaut à vivre conformément à l'expérience de ce qui arrive par nature, comme Chrysippe le dit dans le livre I de son traité *Des fins*. Car nos natures sont des parties de celle de l'univers. C'est pourquoi la fin devient : vivre conformément à la nature, à la fois la sienne propre et celle de l'univers. Pour Cléanthe, au contraire, la « nature » de la formule « vivre selon la nature » désigne seulement la nature universelle (*ibid.*, VII, 89).

3. L'idée que les passions constituent une maladie de l'âme avait été spécialement développée par Chrysippe. Cf. D.L. VII, 115 : « De même qu'on parle d'infirmité pour le corps, comme la goutte ou les rhumatismes, de même pour l'âme il y a l'amour de la gloire, le goût du plaisir et choses semblables. » Galien (*Des doctrines d'Hippocrate et de Platon* V, 2, 3-7) nous apprend que Posidonius avait critiqué cette conception de Chrysippe en disant que « la maladie de l'âme est plutôt comparable soit à la santé du corps avec une prédisposition à tomber malade, soit à la maladie elle-même ». Bref, Posidonius trouvait trop optimiste la conception de Chrysippe qui attribuait les passions à l'environnement extérieur de l'âme rationnelle, et il pensait que l'âme humaine avait une sorte de prédisposition au mal. Sénèque semble ici, comme souvent, subir l'influence de Posidonius : l'esprit sain est celui qui a éradiqué sa disposition au mal et possède alors définitivement la santé.

reux, puis très beau et résistant [1], adapté aux circonstances, soucieux sans être inquiet de son corps et de ce qui s'y rapporte, attentif enfin à d'autres choses qui interviennent dans la vie sans en admirer aucune [2], usant des biens de la Fortune sans en être l'esclave. **4.** Tu comprends, même si je ne l'ajoutais pas, qu'il s'ensuit une tranquillité et une liberté perpétuelles, puisque tout ce qui nous excite ou nous terrifie a été repoussé. À la place, en effet, des plaisirs et de ces choses qui sont petites et fragiles, mais aussi nuisibles par les actes déshonorants qu'elles provoquent, se substituent une joie [3] immense, inébranlable et constante, ensuite la paix et l'harmonie de l'âme, la grandeur d'âme accompagnée de douceur. Car toute cruauté vient d'une faiblesse.

IV. 1. On peut aussi définir autrement ce que nous tenons pour le bien, c'est-à-dire exprimer la même idée par des mots différents. Tout comme

1. Cf. Cicéron, *Tusculanes* IV, 13, 31 : « De même que dans le corps l'agencement harmonieux des membres joint à certain charme du teint a nom la beauté, ainsi appelle-t-on beauté d'âme l'égalité et l'accord des opinions et des jugements joints à une fermeté vraiment inébranlable » (trad. J. Humbert).

2. Il s'agit des « préférables » stoïciens, qui tout en n'ayant pas de valeur, puisqu'ils ne sont ni bons ni mauvais et appartiennent donc aux choses « indifférentes », n'en rendent pas moins la vie plus facile. Ainsi la santé, la richesse… Il en sera beaucoup question plus loin.

3. C'est la *chara* des stoïciens qui « est opposée au plaisir en tant qu'elle est un soulèvement raisonnable » (D.L. VII, 116). À l'arrière-plan de tout ce passage, on devine la théorie stoïcienne des « bonnes affections » qui sont en quelque sorte des passions positives. Les passions fondamentales sont quatre : la peine, la crainte, le désir et le plaisir. Ce sont des « mouvements irrationnels de l'âme ». Mais aux trois dernières correspondent trois bonnes affections : la joie correspond au plaisir, la défiance (*eulabeia*) est une crainte ressentie à bon escient par le sage, l'aspiration (*boulêsis* que Cicéron traduit par *voluntas*) est le correspondant rationnel de la crainte. Quand Sénèque dit que, dans l'état de bonheur, l'esprit repousse de qui l'excite et le terrifie, il fait sans doute allusion au plaisir et à la crainte. Chacune de ces bonnes affections a des espèces (Cf. *S.V.F.* III, 432).

la même armée tantôt s'étend sur un large front, tantôt se resserre sur un étroit espace et ou bien ses ailes se recourbent, son centre formant un rentrant, ou bien elle se déploie sur un front rectiligne, sa puissance, de quelque manière qu'elle soit disposée, restant la même ainsi que sa volonté de tenir bon pour le même parti, de même la définition du souverain bien peut dans certains cas être développée et élargie et dans certains cas rassemblée et condensée en elle-même. **2.** Il reviendra donc au même de dire « le souverain bien c'est une âme qui méprise les événements extérieurs et se réjouit par la vertu », ou « la force invincible de l'âme, ayant l'expérience des choses, calme dans l'action avec beaucoup d'humanité et un grand soin des gens qui nous entourent »[1]. On peut aussi le définir en disant qu'« un homme heureux c'est celui pour lequel rien n'est bien ou mal si ce n'est une âme bonne ou mauvaise, un homme qui pratique le bien moral, qui est comblé par la vertu, que les événements extérieurs n'exaltent ni ne brisent, qui ne reconnaît aucun bien supérieur à celui qu'il se donne lui-même, pour qui le vrai plaisir est le mépris des plaisirs[2] ». **3.** On peut, si tu veux faire un détour, transposer la même idée sous telle ou telle forme différente en en conservant complètement le sens profond. Qu'est-ce qui, en effet, nous empêche de dire qu'« une vie heureuse c'est une âme libre, élevée, intrépide, cons-

1. Cette seconde définition glose en fait le terme de « vertu » de la première en faisant allusion à la doctrine stoïcienne des quatre vertus « premières », dont toutes les autres sont dérivées : la prudence (qui donne l'« expérience des choses »), le courage (« force invincible »), la justice (« humanité ») et la modération (le « soin des gens qui nous entourent ») ; cf. D.L. VII, 92.

2. Cette définition est basée sur le fondement même de l'éthique stoïcienne, à savoir que le seul bien est le bien moral, le seul mal le mal moral et que tout le reste n'est ni bien ni mal, mais « indifférent ».

tante, établie en dehors de la crainte et du désir, pour qui le seul bien est le bien moral et le seul mal, la laideur morale, toutes les autres choses étant un ensemble sans valeur qui ne retire ni n'ajoute rien à la vie heureuse, venant et s'en allant sans augmenter ni diminuer le souverain bien [1] » ? **4.** Une fois que cela a été établi de cette façon, il s'ensuit nécessairement, qu'on le veuille ou non, une gaieté continuelle et une allégresse profonde venant du fond de nous-mêmes, du fait que l'âme se réjouit de ce qu'elle a et qu'elle ne désire pas plus que ce qui lui appartient en propre. Comment tout cela ne contrebalancerait-il pas les mouvements minables, vains et sans durée de notre petit corps ? Le jour où l'on sera vaincu par le plaisir, on sera aussi vaincu par la douleur. Vois donc dans quelle servitude mauvaise et nuisible sera esclave celui que les plaisirs et les douleurs, les maîtres les plus changeants et les plus arbitraires, posséderont tour à tour. Il faut donc finalement parvenir à la liberté. **5.** Et cette liberté rien ne la procure si ce n'est l'indifférence aux coups de la Fortune ; alors surgira ce bien sans prix, un esprit en repos réfugié en sécurité et élevé, ainsi que, parce que les terreurs auront été chassées par la connaissance du vrai, une joie grande et immuable, une douceur et un épanouissement de l'âme dont elle tirera plaisir non pas en tant que biens mais en tant qu'issus de son bien propre [2].

V. 1. Puisque j'ai commencé de traiter de la question largement, peut être dit heureux celui qui n'a ni désir ni crainte, mais grâce à la raison,

1. Selon les stoïciens, il n'y a pas de degré dans le bien.
2. Ce dont l'âme jouit (repos, joie…) n'est pas constitué de biens extérieurs qu'elle posséderait, mais est un effet de sa propre bonté.

puisque les pierres elles aussi ne sont pas sujettes à la crainte et à la tristesse, et de même pour les bêtes ; on ne saurait, pour autant, appeler heureux les êtres qui n'ont pas l'intelligence du bonheur [1]. **2.** Mets sur le même plan les hommes que leur nature engourdie et la méconnaissance d'eux-mêmes ravalent au rang des bêtes et des choses inanimées. Il n'y a nulle différence entre eux, puisque ceux-ci n'ont pas de raison et, chez ceux-là, elle est difforme et elle est habile mais seulement pour leur nuire et les égarer. Nul, en effet, ne peut être dit heureux qui est chassé de la vérité. **3.** La vie heureuse trouve dans un jugement droit et sûr solidité et immutabilité. Alors, en effet, l'esprit est purifié et libéré de tout mal, parce qu'il évite non seulement les déchirures mais même les coups d'épingles en demeurant toujours là où il est établi et en retrouvant son équilibre même si la Fortune le harcèle de sa fureur. **4.** Car, en ce qui concerne le plaisir [2], il peut se répandre partout et se couler par toutes les voies, amollir l'âme par ses caresses et mettre en mouvement un plaisir après l'autre, par lesquels il trouble la totalité de notre moi ou ses

1. Laquelle vient de la raison. Le bonheur et le malheur viennent du jugement que l'on porte sur les choses. Cet aspect sera particulièrement développé par les stoïciens ultérieurs, Épictète et Marc Aurèle, à travers des exemples fameux : ce n'est pas la perte d'un être cher, qui ne dépend pas de moi, qui est un malheur, mais le jugement que je forme que cette perte est un malheur me rend malheureux ; or ce jugement dépend de moi. Si bonheur et malheur demandent un jugement rationnel, le plaisir, que les animaux éprouvent aussi, ne saurait être le souverain bien, comme Sénèque va le montrer à partir du chapitre suivant.

2. Réponse à une objection qui pourrait être celle d'un épicurien : les stoïciens veulent mettre l'âme à l'abri des « déchirements » et des « coups d'épingles », mais qu'en est-il du plaisir ? Ainsi se trouve introduite la polémique anti-épicurienne qui commence au chapitre suivant.

parties : qui, parmi les mortels à qui il resterait une trace d'humanité, voudrait être excité jour et nuit et, abandonnant l'âme, donner tout son soin au corps ?

Polémique anti-épicurienne : le souverain bien n'est pas le plaisir

VI. 1. – Mais, dit-on, l'âme elle aussi a ses plaisirs [1]. – Qu'elle le sait, c'est d'accord, et qu'elle s'établisse en juge de l'intempérance et du plaisir, qu'elle se remplisse de tous ceux qui d'ordinaire font les délices des sens, qu'ensuite elle jette les yeux sur les plaisirs passés et que le souvenir des plaisirs disparus la transporte de joie pour ceux qu'elle a éprouvés auparavant et anticipe ceux qui sont encore à venir et qu'elle règle ses espérances et, tandis que le corps se vautre pour l'heure dans la bonne chère, qu'elle dirige ses pensées vers les plaisirs futurs [2]. Elle me paraîtra encore plus misérable, parce que choisir un mal pour un bien est folie. Sans la santé de l'esprit, nul n'est heureux ; et nul n'est sain, qui désire les biens futurs comme étant les meilleurs. **2.** Donc est heureux celui qui a un jugement droit, est

1. Les épicuriens admettent des plaisirs de l'âme et non seulement du corps. L'épicurien fictif (« dit-on ») avec lequel Sénèque va dialoguer répond à l'objection contenue dans la dernière phrase du chapitre précédent.

2. Selon les épicuriens, la raison se livre à un calcul des plaisirs, en écartant les plaisirs qui pourraient avoir des conséquences pénibles, en jouissant des plaisirs passés dans le souvenir et en faisant des plans pour acquérir des plaisirs dans le futur. Il y a là une opposition fondamentale à la conception stoïcienne de la temporalité pour laquelle le temps de la moralité est le présent (cf. § 2), puisque le passé comme le futur ne dépendent pas de moi. C'est ce que dit Sénèque plus loin.

heureux celui qui se satisfait des choses présentes quelles qu'elles soient et qui est l'ami des biens qui sont les siens, est heureux celui chez qui la raison fait aimer la disposition tout entière de sa propre situation.

VII. 1. Ils voient, ceux-là mêmes qui ont soutenu que le souverain bien se trouve dans ces choses-là, en quel mauvais lieu ils l'ont mis. C'est pourquoi ils disent que l'on ne peut pas dissocier le plaisir de la vertu et ils prétendent qu'on ne peut vivre ni moralement sans vivre agréablement ni agréablement sans vivre aussi moralement. Je ne vois pas comment on peut inclure dans le même enchaînement ces choses si différentes. Pourquoi, je vous prie, ne pourrait-on pas séparer le plaisir de la vertu ? Est-ce à dire que du fait que tout principe des biens réside dans la vertu, c'est aussi de ses racines que sort ce que vous aimez et que vous recherchez [1] ? Mais si la vertu et le plaisir n'étaient pas séparés, on ne verrait pas certaines choses agréables mais immorales, d'autres morales, assurément, mais pénibles et que l'on accomplit en souffrant. **2.** Ajoute maintenant que le plaisir aboutit aussi à la vie la plus honteuse, alors que la vertu n'admet pas de mauvaise vie, et que certains sont malheureux non pas parce qu'ils sont privés de plaisir mais bien plutôt du fait du plaisir lui-même, ce qui n'arriverait pas si le plaisir était intimement mêlé à la vertu, plaisir dont elle est privée, mais qui ne lui manque jamais. **3.** Pourquoi mettre ensemble ces choses

1. Pour répondre à Épicure (cf. « on ne peut vivre agréablement sans vivre prudemment, honorablement et justement », *Lettre à Ménécée* 132), Sénèque construit un argument anti-épicurien : comme les épicuriens reconnaissent que la vertu est source des biens et que pour eux les biens sont les plaisirs, ils font de la vertu l'origine des plaisirs. C'est pourquoi ils ne peuvent séparer vertu et plaisir.

différentes et même opposées ? La vertu est quelque chose d'élevé, de noble et même de royal [1], d'invincible, d'infatigable, le plaisir quelque chose de bas, de servile, de faible, de fragile qui séjourne comme chez lui dans les bordels et les tavernes. La vertu tu la rencontreras dans un temple, sur le forum, au sénat, debout devant les remparts, couverte de poussière, hâlée, les mains calleuses, le plaisir est le plus souvent en fuite [2], à la recherche de l'obscurité autour des bains, des étuves et des lieux où l'on craint la police, mou, sans nerf, imbibé de vin et de parfum, pâle ou fardé, cadavre embaumé d'onguents. **4.** Le souverain bien est immortel, il est incapable de nous quitter, il n'a ni satiété ni regret. Jamais, en effet, l'esprit droit ne change ni ne se prend en aversion, et d'ailleurs rien de ce qui est parfait n'a jamais changé [3]. Le plaisir, en revanche, au moment où on en jouit le plus, s'éteint ; il n'a pas beaucoup de place, c'est pourquoi il la remplit vite, il inspire de la répugnance et il se fane au premier élan. Et nulle chose n'est jamais assurée, quand sa nature réside dans le mouvement [4]. Il ne peut non plus exister, à coup sûr, une essence propre de ce qui arrive et passe très vite, devant périr dans son exercice

1. Selon les stoïciens, le sage est roi, parce que le roi ne doit pas rendre de comptes (D.L. VII, 122).

2. Le verbe *latito* désigne le fait de se cacher pour échapper à des poursuites judiciaires.

3. En suivant, avec P. Grimal, le texte des ms. Les éditeurs lisent souvent : *nec quicquam mutavit <a vita> optima* : « il ne souffre aucun changement dans sa vie parfaite ».

4. Vieil argument antihédoniste qui apparaît au moins dès le *Philèbe* de Platon : le plaisir n'est pas essence mais devenir. Sénèque a donc l'air de ne considérer qu'une des deux catégories, et la moins parfaite, de plaisir selon les épicuriens, le plaisir « mobile » qui est procuré par la suppression de la douleur (étancher sa soif) ou l'augmentation d'un plaisir préexistant. Le plaisir parfait pour les épicuriens est le plaisir « stable ».

même. Il arrive, en effet, à son but là où il cesse et à peine commence-t-il qu'il voit sa fin.

VIII. 1. Qu'en est-il du fait que le plaisir n'habite pas moins les bons que les méchants et que les gens infâmes ne trouvent pas moins de plaisir dans leur infamie que les gens de bien dans leurs mérites [1] ? Les anciens ont prescrit de vivre la vie la meilleure et non la plus agréable, de telle sorte que le plaisir soit non pas le guide d'une volonté droite et morale, mais son compagnon de route [2]. Car c'est la nature qu'il faut prendre comme guide : c'est elle que la raison observe, c'est elle qu'elle consulte. **2.** C'est donc la même chose que de vivre heureux et de vivre selon la nature. Ce que cela veut dire, je vais maintenant l'expliquer. Si nous suivons nos caractéristiques corporelles et tout ce qui est adapté à notre nature [3], soigneusement et sans crainte, comme des choses données au jour le jour et fugaces, si nous n'y sommes pas asservis et que des objets étrangers à nous ne

1. Cet argument est, en fait, double. Il montre d'abord que plaisir et moralité sont séparés puisqu'on peut avoir l'un sans l'autre. Il montre ensuite, en reprenant un argument contre la providence souvent opposé aux stoïciens (il n'y a pas de providence puisque le bonheur et le malheur arrivent indistinctement aux justes et aux scélérats), que le plaisir n'est pas un critère de moralité, et donc de vertu.

2. « Un résultat dérivé » (*epigennêma*) dit D.L. (VII, 86) ; on a souvent vu dans cet aspect de la pensée stoïcienne une influence aristotélicienne (cf. *Éthique à Nicomaque* X, 3, 1174b31 sv).

3. Sénèque en appelle ici à la doctrine stoïcienne des « convenables » (en grec *kathêkon*, en latin *officium*, termes mieux traduits, à la suite de L.S., par « fonction propre ») : il s'agit de toutes les activités qui sont appropriées à la nature d'un être vivant. Les actions droites, c'est-à-dire morales, sont un sous-ensemble des fonctions propres. Les fonctions propres qui ne sont pas morales peuvent être utiles à condition qu'on ne leur prête pas une valeur morale. En aucun cas, comme le soulignent L.S. dont il faut lire l'analyse (chap. 59), les fonctions propres ne servent à édifier une éthique de second choix.

nous contrôlent pas, si ce qui est agréable au corps et vient de l'extérieur nous est ce que sont à une armée les troupes auxiliaires et les soldats légèrement armés (ils obéissent et ne commandent pas), dans ces conditions seulement ces choses sont utiles à l'esprit. **3.** Un homme [1], il faut qu'il ne puisse être corrompu par des choses extérieures ni dominé par elles, qu'il n'ait d'autre valeur que lui-même, qu'il ait confiance dans son âme et qu'il soit préparé à affronter les deux éventualités [2], qu'il soit l'artisan de sa vie ; il faut que sa confiance en lui-même n'aille pas sans science, ni sa science sans constance, que ses résolutions demeurent les mêmes une fois pour toutes et qu'il n'y ait pas de rature dans ses décisions. On comprendra, même si je ne l'ajoute pas, qu'un tel homme sera harmonie et ordre, et aura, dans ce qu'il entreprend, une grandeur d'âme mêlée de douceur. **4.** Notre raison effectivement appuyée sur les sens [3] et en tirant ses principes [4] (car elle n'a pas d'autre endroit d'où elle puisse entreprendre de s'élancer vers le vrai) revient sur elle-même. Car le monde lui aussi, qui inclut toutes choses, et le dieu qui règle l'univers tendent vers la périphérie, mais pourtant ils reviennent de toutes parts vers l'intérieur en eux-mêmes [5]. Il faut que notre esprit fasse la même

1. *Vir*, non pas « un être humain », mais un « homme » au sens viril. Suit le portrait du sage stoïcien.

2. C'est-à-dire le plaisir et la douleur.

3. En adoptant le texte restitué par P. Grimal : *Ratio vero nostra sensibus insita.*

4. Il faut entendre ici « principe » au sens de point de départ : pour les stoïciens les impressions qui correspondent à des objets réels sont la base d'un processus inductif de connaissance (cf. L.S. chap. 39). Ce processus est décrit dans la fin du chapitre.

5. Le double mouvement centrifuge et centripète de l'âme lors de l'acte de connaissance est semblable au double mouvement qui existe

chose. Quand, en suivant ses sens, il s'est étendu vers l'extérieur, il faut qu'il les maîtrise eux, et lui-même. **5.** De cette manière, se produira une force, une puissance unique en accord avec elle-même et naîtra cette fameuse raison certaine qui n'est ni divisée en elle-même ni mal assurée en ce qui concerne les jugements, les saisies et les convictions et qui, quand elle a mis de l'ordre en elle-même, organisé et, pour ainsi dire, harmonisé ses parties entre elles, a atteint le souverain bien. Car alors il ne subsiste rien d'inégal, de glissant, rien à quoi elle ne se heurte et qui l'ébranle ; **6.** tout ce qu'elle fera ce sera de sa propre autorité et rien ne lui arrivera à quoi elle n'aura pas consenti [1], mais tout ce qu'elle fait elle le mènera à bien facilement, en le préparant bien et sans hésitation de l'agent ; en effet paresse et hésitation sont révélatrices de lutte interne et d'inconstance. C'est pourquoi tu peux hardiment soutenir que le souverain bien est une concorde de l'âme, car les vertus devront être là où l'on trouve accord et unité ; les vices ne s'entendent pas entre eux.

IX. 1. – Mais, toi aussi, dit-on [2], tu ne pratiques pas la vertu pour autre chose que parce que tu en espères quelque plaisir [3]. – D'abord, si la

---

dans l'univers. À propos de ce dernier, Sénèque n'a sans doute pas en vue la dilatation et la rétraction de l'univers durant le cycle cosmique, mais la doctrine stoïcienne selon laquelle toute réalité est pénétrée d'un souffle (*pneuma*) composé de feu (chaud qui dilate) et d'air (froid qui contracte). Ce mouvement double est décrit par les stoïciens comme la *tension* (*tonos*) qui caractérise chaque corps, y compris l'univers entier.

1. Le sage n'a que des idées justes (des « impressions cognitives ») et donc aucune impression ou idée « non examinée » n'arrive à sa conscience.

2. L'épicurien.

3. C'est la doctrine même d'Épicure : « c'est en vue du plaisir que l'on choisit aussi les vertus et non pour elles-mêmes, comme on choisit la médecine en vue de la santé » (D.L. X, 138).

vertu doit procurer du plaisir, ce n'est pas pour cela qu'on la choisit : elle ne le procure pas, mais elle le produit en outre, elle n'y travaille pas, mais son travail, bien qu'il vise autre chose, a aussi le plaisir comme conséquence. **2.** Ainsi, dans un champ labouré pour la moisson quelques fleurs naissent çà et là, ce n'est pourtant pas à cette petite herbe, quelque délicieuse qu'elle soit à la vue, qu'on a consacré un tel labeur (le semeur avait un autre but et cela est advenu de surcroît) ; de même le plaisir n'est ni le salaire ni la cause de la vertu, mais son annexe, et ce n'est pas parce qu'elle procure du plaisir qu'on se décide en sa faveur, mais si on se décide en sa faveur, elle donne aussi du plaisir. **3.** Le souverain bien consiste dans le jugement lui-même et dans la disposition d'un esprit excellent qui, lorsqu'il s'est totalement développé [1] et s'est renfermé dans ses propres limites [2], a parachevé le souverain bien et ne désire rien de plus. Car il n'y a rien en dehors de cette totalité, pas plus qu'au-delà de la fin. **4.** Tu te trompes donc quand tu me demandes ce en vue de quoi je recherche la vertu, car tu t'inquiètes de quelque chose qui serait au-dessus de l'extrême. Tu demandes ce que j'attends de la vertu ? Elle-même. Car elle n'a rien de meilleur, car [3] elle est elle-même son prix. N'est-ce pas suffisant ? Quand je te dirai : « le souverain bien c'est l'inflexibilité d'une âme inébranlable, sa pré-

1. En lisant *cum totum suum implevit* au lieu du *cum cursum*... de la plupart des éditeurs ou du *cum locum*... de P. Grimal. Le balancement avec le reste de la phrase (*extra totum*) fait de cette lecture la moins mauvaise.

2. P. Grimal remarque l'ambiguïté du terme *fines* qui désigne à la fois les limites de l'esprit et les fins qu'il se propose.

3. Comme le remarque P. Grimal, la répétition de *enim* rapproche le ton de celui de la conversation ou des comiques. C'est pourquoi ce mot a rapidement disparu de la tradition manuscrite.

voyance, son élévation [1], sa santé, son indépendance, son harmonie, sa beauté », exigeras-tu encore quelque chose de plus à quoi rapporter tout cela [2] ? Pourquoi invoques-tu le plaisir ? C'est le bien de l'homme que je cherche, non celui du ventre, qui est plus large chez les bestiaux et les bêtes sauvages.

X. 1. – Tu feins de ne pas comprendre mes propos, dit-il [3]. Pour ma part, en effet, je ne pense pas que quiconque puisse vivre heureux sans en même temps vivre moralement [4], ce qui ne peut arriver ni aux animaux sans langage [5] ni à ceux qui mesurent le bien à l'aune de la nourriture. J'affirme expressément et solennellement, dit-il, qu'on ne peut atteindre la vie que je déclare heureuse que si la vertu lui est adjointe. **2.** – Et pourtant, qui ignore que ceux qui sont le plus remplis de vos plaisirs sont les plus stupides, que la débauche abonde en satisfactions et que l'âme elle-même additionne les plaisirs sous des formes multiples et mauvaises ? Tout d'abord, le manque de mesure et la surestimation de soi, un orgueil qui vous fait regarder les autres de haut, un amour aveugle et imprévoyant de ce qui est à vous, des délices sans retenue, une exaltation pour des causes minimes et puériles, ajoutons un penchant à la raillerie et une joie orgueilleuse à faire subir des outrages, l'inactivité et le manque d'énergie d'une âme indolente qui s'endort sur elle-même. **3.** Tout cela, la vertu le bouscule, elle

1. En corrigeant à la suite de Juste Lipse le *subtilitas* des ms. en *sublimitas*.
2. Rapporter comme à sa fin.
3. L'épicurien.
4. Cf. VII, 1.
5. C'est-à-dire sans raison, *logos* étant à la fois « langage » et « raison ».

lui tire l'oreille et elle jauge les plaisirs avant de les accepter. Si elle en approuve certains, elle ne leur accorde pas un grand poids. De toute manière, en effet, elle les admet [1] sans trouver de satisfaction dans leur usage mais dans la tempérance [2]. Puisque, par ailleurs, la tempérance diminue les plaisirs, elle est une atteinte au souverain bien [3]. Toi, tu embrasses le plaisir, moi je le réprime ; toi tu jouis du plaisir, moi je m'en sers ; toi, tu penses qu'il est le souverain bien, moi qu'il n'est même pas un bien ; toi, tu fais tout par plaisir, moi, rien.

XI. 1. Quand je dis que je ne fais rien par plaisir, je veux parler du fameux sage, le seul auquel tu attribues le plaisir [4]. Or je n'appelle pas sage celui au-dessus de qui il y a quelque chose, à plus forte raison le plaisir. D'ailleurs, quand il sera habité par le plaisir, comment résistera-t-il à la peine et au danger, à la pauvreté et à toutes ces menaces dont le vacarme entoure la vie humaine ? Comment supportera-t-il la vue de la mort, les douleurs, comment le fracas de la voûte céleste [5] et de tant d'ennemis des plus violents ? Ou bien [6], vaincu par ce mol adversaire, il fera tout ce que lui dicte le plaisir ? Allons, ne vois-tu pas combien sont nombreuses les choses qu'il va lui conseiller ? **2.** – Il ne pourrait, dit-il, rien lui conseiller de

1. Contrairement à ce que prétend P. Grimal, il n'est pas besoin de rajouter une négation ; le texte des ms. *utique enim admittit* est sensé.

2. C'est-à-dire dans leur usage tempérant.

3. Argument contre les épicuriens : si le plaisir est le souverain bien et si la tempérance diminue le plaisir, elle porte atteinte au souverain bien.

4. Pour Épicure, seul le sage a le véritable plaisir, mais Sénèque lui conteste le titre de sage.

5. Il s'agit de l'ébranlement du ciel par le tonnerre.

6. En conservant, avec P. Grimal, la leçon majoritaire des ms. *an, molli adversari* que l'on corrige souvent en *tam* ou *aut* : « lui qui est vaincu par un mol adversaire ».

honteux parce qu'il est conjugué à la vertu. – Ne vois-tu pas, de nouveau, de quelle sorte doit être le souverain bien s'il a besoin d'un gardien pour être un bien ? Or la vertu, comment gouvernera-t-elle le plaisir qu'elle suit, puisque suivre est le fait de celui qui obéit et gouverner de celui qui commande ? Tu mets derrière ce qui commande. Remarquable office qu'a chez vous la vertu de goûter préalablement [1] les plaisirs ! **3.** Nous pourrons voir [2] si une vertu que nous traitons de manière aussi outrageante est encore une vertu, elle qui ne peut pas porter son nom si elle a perdu son rang. En attendant, c'est de cela qu'il s'agit : je te montrerai beaucoup de gens assiégés par les plaisirs et sur lesquels la Fortune répand tous ses bienfaits et dont tu devras bien reconnaître qu'ils sont méchants [3]. **4.** Regarde Nomentanus et Apicius [4] cuisant ensemble des biens, comme ils les nomment, venant des terres et de la mer, et passant en revue sur leur table les animaux de tous les pays, vois-les scruter la taverne au moment où ils vont aller bâfrer [5], se délectant les oreilles de la musique des chants, les yeux du spectacle, le palais des effluves. Tout leur corps est titillé par la chaleur de baumes amollissants et lénifiants et, pour que, entre-temps, leurs narines ne restent pas inactives,

1. Le *prægustator* est l'esclave chargé de goûter les plats avant le maître.

2. Pas nécessairement dans ce traité.

3. « Méchants » c'est-à-dire non vertueux, ce qui ne veut pas dire qu'ils sont de grands scélérats.

4. Nomentanus, débauché chez Horace (*Satires* I, 1, 102) ; Apicius, le célèbre gastronome, auteur d'un ouvrage sur l'art culinaire.

5. Avec la conjecture de P. Grimal : *eosdem esui successuros* qui est la plus compatible avec une tradition manuscrite éparpillée. Alors il ne faut pas comprendre *saporibus palatum suum delectantes* comme les autres interprètes (« leur palais des saveurs »), mais considérer qu'il s'agit ici de plaisirs préalables au plaisir principal de bâfrer ; or *sapor* a aussi le sens de « parfum, effluve » à partir de Virgile.

l'endroit lui-même dans lequel ils célèbrent leur intempérance est imprégné de parfums divers. Voilà des gens dont tu diras qu'ils sont dans les plaisirs, et pourtant ils ne sont pas heureux parce qu'ils ne trouvent pas leur joie dans le bien.

XII. 1. – Les choses iront mal pour eux, dit-il, parce qu'interviennent beaucoup de facteurs et des opinions incompatibles entre elles qui troublent l'âme [1]. – Je concède qu'il en est ainsi, mais néanmoins ces sots [2] instables menacés par le remords [3] éprouveront de grands plaisirs, si bien qu'il faut reconnaître qu'alors ces gens-là sont aussi loin de tout chagrin que d'un état d'esprit vertueux et, ce qui arrive fréquemment, qu'ils sont fous d'une folie gaie et expriment leur délire par le rire. **2.** Mais au contraire les plaisirs des sages sont doux et mesurés, presque évanescents, retenus et se remarquant à peine, si bien qu'ils viennent sans qu'on les ait appelés et, bien qu'ils arrivent de leur propre initiative, on ne leur accorde aucune valeur et ceux qui les éprouvent ne les reçoivent avec aucune joie. En effet, on les mélange en alternance à la vie comme on alterne le jeu et la plaisanterie avec les choses sérieuses.

XIII. 1. Qu'on cesse donc d'unir des choses qui ne vont pas ensemble, en l'occurrence d'habiller le plaisir de vertu, erreur par laquelle on flatte les pires des gens. Celui qui s'abandonne aux plaisirs, constamment en train de roter et tou-

1. Concession de l'épicurien : le plaisir ne fait pas le bonheur, mais seulement dans le cas des « sots » (cf. note suivante) ; dans le cas du sage dont l'âme n'est troublée par rien, le plaisir fait le bonheur. La réponse de Sénèque est que les sots ont des plaisirs supérieurs à ceux des sages.

2. Sont « sots » tous ceux qui ne sont pas philosophes.

3. Éventuellement susceptibles d'éprouver du remords pour les plaisirs qu'ils ont éprouvés.

jours ivre, parce qu'il a conscience de vivre avec le plaisir croit vivre aussi avec la vertu [1]. En effet il entend dire que plaisir et vertu sont inséparables, ce qui lui permet de donner à ses vices le titre de sagesse et d'afficher ce qu'il devrait cacher. **2.** Ainsi, ce n'est pas poussés par Épicure qu'ils sont intempérants, mais, adonnés à leurs vices, ils cachent leur intempérance dans le sein de la philosophie et vont en foule là où ils entendent dire qu'on fait l'éloge du plaisir. Et ils ne mesurent pas combien ce fameux plaisir selon Épicure (c'est ainsi, par Hercule, que je vois les choses) a de sobriété et de sécheresse, mais c'est vers le mot lui-même de plaisir qu'ils accourent recherchant quelque excuse pour leurs désirs et un voile pour les cacher. **3.** C'est pourquoi ils perdent le seul bien qu'ils avaient au milieu de leurs maux, la honte de faire le mal. Car ils louent ce dont ils rougissaient et ils tirent gloire de leur vice, et pour cette raison la jeunesse n'a pas non plus la faculté de se redresser [2] quand on a affublé son honteux laisser-aller d'un titre moral. Voilà pourquoi cet éloge du plaisir est pernicieux : parce que les principes moraux restent cachés, alors que ce qui est facteur de corruption se montre [3]. **4.** Je suis personnellement d'avis (et je soutiendrai cela malgré mes compagnons [4]) qu'Épicure a des pré-

1. Parce que les épicuriens ont lié plaisir et vertu. C'est eux que le débauché « entend dire » que plaisir et vertu sont inséparables.

2. En suivant le texte des ms. ; « jeunesse » a parfois été supprimé, mais l'idée peut être que la conjugaison de la vertu et du plaisir empêche les jeunes gens de se détourner de leur penchant au mal.

3. Sans le vouloir, Épicure, qui est un homme vertueux, déculpabilise les vicieux par *ses propos* qui unissent plaisir et vertu. Tout ce passage repose sur la distinction entre le véritable épicurisme, qui est sobre, et un épicurisme vulgaire prônant la jouissance, comme avait pu le faire quelqu'un comme Aristippe de Cyrène.

4. C'est-à-dire les autres stoïciens.

ceptes purs, droits et, pour peu qu'on les considère d'assez près, austères. Le fameux plaisir, en effet, est ramené à quelque chose de petit et restreint et ce que nous, nous donnons comme loi à la vertu, lui le donne au plaisir : il lui ordonne d'obéir à la nature. Mais c'est peu, en effet, pour l'intempérance que ce qui suffit à la nature. **5.** Qu'en est-il donc ? Celui qui appelle bonheur un loisir oisif et les alternances des plaisirs du gosier et du sexe cherche un garant qui soit bon pour une chose mauvaise, et, alors qu'il vient [1] attiré par un nom flatteur, il poursuit non pas le plaisir dont il entend parler [2], mais celui qu'il a apporté avec lui, et dès qu'il se met à penser que ses vices ressemblent aux préceptes épicuriens, il y cède sans crainte et sans se cacher, et au contraire, pour cette raison, s'adonne à l'intempérance à visage découvert. C'est pourquoi je n'adhère pas à ce que disent la plupart des nôtres, que l'école d'Épicure est maîtresse d'ignominies, mais je dis ceci : elle a mauvaise réputation et elle est décriée, mais c'est immérité. **6.** Quelle sorte d'homme peut le savoir sinon celui qui a été admis à l'intérieur de l'école ? Sa façade en elle-même prête à la calomnie et suscite un espoir mauvais. Cela est comparable à un homme viril vêtu d'une robe de femme : ta pudeur est préservée, ta virilité est sauve, ton corps est dispensé de toute honte, mais tu as le tambourin en main [3]. C'est pourquoi il faut choisir un intitulé moral et une inscription dont le texte stimule l'âme, et que les vices respectent [4]

1. À l'école d'Épicure, ou au moins dans sa mouvance.
2. Le plaisir modéré tel qu'il est décrit par Épicure.
3. Allusion aux prêtres de Cybèle ; « ta virilité est sauve », parce qu'ils étaient ennuques.
4. La correction de P. Grimal de *venerunt* en *venerentur* est la plus acceptable.

aussitôt. **7.** Quiconque s'est mis en marche vers la vertu a donné l'exemple d'un naturel noble ; celui qui suit le plaisir donne le spectacle de quelqu'un de lâche, abattu, rejeton dégénéré d'un homme précipité dans la honte, à moins que quelqu'un ne lui montre la différence entre les plaisirs pour qu'il sache lesquels d'entre eux s'apaisent dans les limites du besoin naturel et lesquels nous emportent la tête la première, sont sans limites et d'autant plus impossibles à assouvir qu'on les assouvit davantage.

XIV. 1. Allons, que la vertu nous guide, nous avancerons d'un pas tout à fait assuré. D'ailleurs un plaisir excessif est nuisible : dans la vertu, on n'a pas à craindre quelque excès que ce soit parce qu'elle est en elle-même mesure ; ce qui souffre de son propre excès ne peut pas être un bien [1]. D'autre part, à ceux qui ont reçu comme lot une nature raisonnable que peut-on offrir de mieux que la raison ? Et si cette union [2] paraît bonne, s'il paraît bon d'aller vers la vie heureuse en compagnie, que la vertu soit le guide, que le plaisir soit son compagnon de voyage et tourne autour du corps comme son ombre. Livrer la vertu, le meilleur de tous les biens, comme servante au plaisir c'est le fait d'une âme qui n'est capable de contenir rien de grand. **2.** Que la vertu aille la première, qu'elle porte les étendards, nous n'en aurons pas moins le plaisir, mais nous en serons les maîtres et les modérateurs : il pourra obtenir

1. P. Grimal voit là un syllogisme : (i) le plaisir trop grand se change en son contraire ; (ii) la vertu ne souffre pas d'un excès de grandeur ; (iii) on ne peut qualifier de bien ce qui est susceptible de démesure ; donc seule la vertu est un bien. D'une part ce n'est pas un syllogisme au sens strict, d'autre part ce raisonnement est invalide.

2. Entre plaisir et vertu.

quelque chose par ses prières, rien par contrainte. Mais ceux qui ont laissé les premières lignes au plaisir, n'ont eu aucun des deux. En effet ils laissent échapper la vertu et, d'un autre côté, ils ne possèdent pas le plaisir, mais c'est eux que le plaisir possède. Soit son absence les met à la torture, soit sa surabondance les étouffe, malheureux s'il leur manque, plus malheureux encore s'il les écrase : tels ceux qui se laissent surprendre dans la mer des Syrtes, qui tantôt s'échouent à sec, tantôt sont ballottés par un flot impétueux. **3.** Or cela n'arrive que du fait d'un grand excès dans l'amour d'une chose déraisonnable [1]. Pour qui, en effet, recherche le mal pour le bien, les conséquences sont dangereuses. De même que c'est difficilement et dangereusement que nous chassons les bêtes sauvages et que la possession de celles que nous avons capturées elle non plus n'est pas de tout repos (car souvent elles déchirent leurs maîtres), de même ceux qui ont de grands plaisirs aboutissent à un grand mal et, les ayant capturés, ils en sont captifs. Plus ils sont nombreux et importants, plus est diminué et esclave d'un plus grand nombre de maîtres celui que la foule appelle un homme heureux. **4.** Restons encore dans cette approche métaphorique de la question. Tout comme celui qui recherche la tanière des bêtes et accorde un grand prix à « attraper les bêtes sauvages au lacet » et à « cerner les bois avec ses chiens » [2], pour serrer de près leurs traces, abandonne des occupations plus valables et renonce à de nombreuses charges, ainsi celui qui

1. À savoir le plaisir. P. Grimal a raison de garder le texte *cæcæ rei*, habituellement corrigé en *cæco rei*, « un amour aveugle de cette chose » : c'est bien le plaisir qui est « aveugle », c'est-à-dire déraisonnable.

2. Citation, inexacte, de Virgile, *Géorgiques* I, 139.

poursuit le plaisir [1] lui subordonne tout et ne fait aucun cas de sa liberté, le premier des biens, et il paie ce prix pour son ventre : il n'achète pas les plaisirs, il se vend aux plaisirs.

Polémique anti-aristotélicienne : le souverain bien n'est pas la vertu unie au plaisir

XV. 1. – Qu'est-ce qui, pourtant, empêche, dira-t-on [2], de fondre en une seule réalité la vertu et le plaisir et de faire qu'ainsi le souverain bien soit à la fois moral et agréable ? – C'est qu'une partie du bien moral ne peut être que le bien moral et que le souverain bien ne possédera pas sa pureté si en lui quelque chose se révèle qui soit différent de ce qu'il y a de meilleur. **2.** Même la joie qui naît de la vertu, quelque bonne qu'elle soit, n'est pas une partie du bien absolu, non plus que l'allégresse et la tranquillité, quelque excellentes que soient les causes d'où elles viennent. Ce sont, en effet, des biens, mais qui sont des suites du souverain bien, sans le mener à sa perfection [3]. **3.** En réalité, celui qui fait coexister vertu et plaisir, même sans les mettre sur le même

1. Il y a sans doute un jeu de mots rapprochant *sectare*, « poursuivre » et *secta*, « secte, école philosophique » ; on pourrait alors comprendre : « celui qui se met à l'école du plaisir », c'est-à-dire l'épicurien.

2. Objection d'origine aristotélicienne. Cela ne signifie pas que l'interlocuteur ait changé : prenant acte de la défaite de la doctrine épicurienne, il se replie sur des positions aristotéliciennes qui font une place au plaisir sans lui donner la place principale.

3. Sénèque a sans doute en vue des formules aristotéliciennes comme celle de l'*Éthique à Nicomaque* X, 4, 1174b24 : « le plaisir est l'achèvement de l'acte ». Ce que Sénèque refuse c'est que le plaisir soit *fin* ou *achèvement*.

pied, émousse par la fragilité du second de ces deux biens ce qu'il y a de vigoureux dans le premier et envoie sous le joug cette liberté qui demeure invaincue seulement si elle ne connaît rien de plus précieux qu'elle-même. En effet, et c'est là la pire des servitudes, elle se met à avoir besoin de la Fortune [1]. Il s'ensuit une vie pleine d'angoisse, de soupçon, d'inquiétude, redoutant ce qui arrive ; chaque moment de son temps est en suspens [2]. **4.** Tu ne donnes pas à la vertu un fondement solide, immuable, mais tu lui commandes de se tenir sur un terrain mouvant. Qu'est-ce qui, en effet, est plus mouvant que d'attendre des événements fortuits et que la variation des choses qui touchent le corps et qui affectent le corps ? Comment un tel homme peut-il obéir au dieu et, quoi qu'il arrive, l'accueillir sereinement et ne pas se plaindre du destin en donnant une interprétation favorable de ce qui lui arrive, s'il se trouve ébranlé aux moindres piqûres du plaisir et de la douleur ? Mais, pas même sa patrie, il ne la protégera ni ne la défendra bien, et il ne combattra pas pour sauver ses amis, celui qui incline au plaisir. **5.** Que donc le souverain bien monte là d'où nulle force ne le délogera, où il n'est d'accès ni pour la douleur, ni pour l'espoir, ni pour la crainte ni pour aucune des choses qui limitent les droits du souverain bien ; or seule la vertu peut s'élever en un tel lieu. Son pas doit vaincre cette

1. La liberté demande des conditions qui ne dépendant pas du sujet (qui sont donc l'effet de la Fortune), alors que la liberté intérieure du sage stoïcien est inconditionnée. Sénèque pense peut-être au passage de l'*Éthique à Nicomaque* I, 5, 1099b6 où Aristote dit que « le bonheur a besoin comme condition supplémentaire » des biens extérieurs.

2. En gardant le texte des ms., *temporum suspensa mementa sunt*, corrigé en *temporum suspensa mementis*, « suspendue aux circonstances ».

pente ; elle se tiendra fermement et, quoi qu'il arrive, elle le supportera non pas tant patiemment que volontiers [1], elle sait que toutes les circonstances difficiles sont une loi de la nature et, comme un bon soldat, elle supportera les blessures, elle comptera ses cicatrices et, transpercée de traits, elle aimera, en mourant, le chef [2] pour lequel elle tombera. Elle gardera en tête le vieux principe : « suivre le dieu ». **6.** Quiconque se plaint, se lamente et gémit est contraint de faire de force ce qui lui est prescrit et n'en est pas moins entraîné malgré lui à obéir à ce qui lui est commandé. Or c'est folie que d'être traîné plutôt que de suivre ! C'est, par Hercule, également sottise et ignorance de ta condition que de te plaindre qu'il te manque quelque chose ou que quelque chose de trop pénible t'arrive, ou de t'étonner également ou de t'indigner de ce qui arrive indistinctement aux bons comme aux méchants, je veux dire les maladies, les deuils, les infirmités et tout ce qui vient se mettre en travers de la vie humaine. **7.** Quoi que nous devions supporter du fait de la constitution de l'univers, acceptons-le avec grandeur d'âme : nous sommes contraints par notre serment [3] de supporter notre condition mortelle et de ne pas être troublés par ce qu'il n'est pas en notre puissance d'éviter. Nous sommes nés dans un royaume [4] : la liberté, c'est d'obéir au dieu.

1. Littéralement « en le voulant » (*volens*) : le sage stoïcien veut les événements tels qu'ils se produisent.

2. *Imperator*, c'est-à-dire aussi, dans la langue de l'époque de Sénèque, l'empereur.

3. Le serment que le soldat porte à son chef : toujours la métaphore militaire.

4. Selon les stoïciens, le grand royaume de l'univers gouverné par la raison divine.

Conclusion de la première partie : le bonheur se fonde sur la vertu

XVI. 1. Donc la vraie félicité [1] est établie sur la vertu. Que te conseillera cette vertu ? De ne pas considérer comme un bien ou un mal ce qui n'est pas le résultat de la vertu ou du vice. Ensuite d'être inébranlable face au malheur ou à la suite d'un bien, pour, dans la mesure où cela nous est permis, que tu offres l'image d'un dieu. **2.** Que te promet-elle pour prix de cette campagne [2] ? De grandes choses, égales à des biens divins : rien ne te contraindra, rien ne te manquera. Tu seras libre, en sûreté, ne subissant nul dommage. Tu n'entreprendras rien en vain, tu ne subiras nul empêchement [3]. Tout arrivera suivant ta décision, rien ne se produira qui te contrarie, ni contre ton opinion ni contre ta volonté. **3.** – Quoi donc ? La vertu suffirait à vivre heureux ? – Étant donné qu'elle est parfaite et divine pourquoi ne serait-elle pas suffisante et même davantage ? Qu'est-ce qui peut, en effet, manquer à qui est situé hors de tout désir ? De quoi d'extérieur a besoin celui qui porte tout rassemblé en lui ? Mais, celui qui tend à la vertu [4], même s'il a beaucoup progressé, a besoin d'une certaine bienveillance de la part de la Fortune durant le temps où il lutte parmi les affaires humaines, jusqu'à ce qu'il ait dénoué ce

1. On a remarqué (P. Grimal) l'emploi inattendu de *felicitas* que d'habitude Sénèque prend en mauvaise part.

2. Toujours la métaphore militaire.

3. Le sage n'est jamais frustré de rien, puisqu'il ne veut que ce qui lui arrive.

4. C'est-à-dire celui qui est sur la voie de la sagesse sans être encore sage. Il s'agit d'un point crucial pour Sénèque, qui ne se reconnaît pas comme sage, comme il le dira par la suite (cf. XVII, 3). Cette remarque introduit les thèses de la seconde partie sur les biens extérieurs.

nœud et tout lien mortel. Quelle différence cela fait-il ? C'est qu'ils sont adroitement liés [1], certains plus serrés, d'autres moins ; celui qui s'est avancé vers des régions supérieures, c'est-à-dire s'est élevé plus haut, traîne une chaîne plus lâche : il n'est pas encore libre, mais il est comme libre.

Seconde partie : le philosophe et les biens de ce monde

XVII. 1. C'est pourquoi, si l'un de ceux qui aboient contre la philosophie [2] disait, comme ils le font d'ordinaire : « Pourquoi parles-tu plus courageusement que tu ne vis ? Pourquoi baisses-tu le ton devant plus puissant que toi [3] et penses-tu que l'argent est un accessoire qui t'est nécessaire, pourquoi es-tu ému par un préjudice, répands-tu des larmes en apprenant la mort de ton épouse ou d'un ami, considères-tu ta réputation et es-tu atteint par des paroles malveillantes ? **2.** Pourquoi as-tu un domaine mieux cultivé que ne l'exige le besoin de la nature ? Pourquoi ces repas qui ne suivent pas tes préceptes ? Pourquoi cette vaisselle trop précieuse ? Pourquoi boit-on chez toi du vin plus vieux que toi ? Pourquoi as-tu installé une volière [4] ? Pourquoi tes arbres sont-ils si

1. En lisant *arte alligati*, comme plusieurs éditeurs l'ont proposé. L'idée serait alors que les biens extérieurs et les passions *ont l'art* de garrotter les hommes.
2. Il ne s'agit plus de l'interlocuteur de la première partie.
3. Outre la pauvreté, et même la crasse, l'image du philosophe incluait aussi la fierté et l'arrogance envers les puissants. Ce sont là des traits hérités des cyniques : cf. Diogène face à Alexandre.
4. En adoptant le texte de A. Bourgery, *aviarium* ; P. Grimal écrit : *atrium aureum*, un atrium rempli d'or (peut-être du fait de la vaisselle exposée).

rapprochés qu'ils ne donnent que de l'ombre [1] ? Pourquoi ta femme porte-t-elle aux oreilles le revenu d'une maison opulente ? Pourquoi tes pages sont-ils revêtus d'un habit coûteux ? Pourquoi chez toi servir à table est-il un art, c'est-à-dire qu'on ne dispose pas l'argenterie au hasard et comme l'on veut, mais que l'on sert en expert et qu'il y a quelqu'un qui est maître dans l'art de découper les victuailles ? » Ajoute si tu veux : « Pourquoi as-tu des possessions outremer ? Pourquoi sont-elles plus nombreuses que tu ne le sais [2] ? C'est honteux : ou tu es à ce point négligent que tu ne connais pas le peu d'esclaves que tu possèdes, ou tu es à ce point immodérément riche que tu en possèdes tellement que ta mémoire ne suffit pas à te les faire connaître ! » **3.** Je t'aiderai plus tard dans tes invectives et je me ferai plus de reproches que tu ne penses ; pour l'instant je te réponds ceci : « je ne suis pas un sage et, que ta malveillance soit satisfaite, je ne le serai même pas [3]. Exige donc de moi non pas que je sois l'égal des meilleurs, mais que je sois meilleur que les méchants [4] : cela est assez pour moi de retrancher chaque jour quelque chose de mes vices et de blâmer mes erreurs. **4.** Je ne suis pas parvenu à la guérison et n'y parviendrai même pas. Je prépare pour ma goutte des adoucissants plutôt que des remèdes, bien content si ses accès sont plus rares et les élancements

1. Et non des fruits ; *conseruntur* vient de *consero* « rapprocher » et non de *consero* « planter », mais il s'agit d'une correction (les ms. ont *conservantur*).
2. Sénèque avait notamment des domaines en Égypte.
3. Sénèque entend « sage » au sens du sage stoïcien.
4. Position formellement non stoïcienne, du moins selon les canons de l'ancien stoïcisme pour lequel toutes les fautes, et donc tous les méchants, étaient égaux.

moindres [1]. Si je compare mes pieds aux vôtres, bien que faible, je suis un coureur ». Ce que je dis, je ne le dis pas à mon propos (moi, en effet, je suis plongé dans l'abîme de tous les vices), mais à propos de celui qui est parvenu à un résultat [2].

XVIII. 1. Tu me dis : « Tu parles d'une manière et tu vis d'une autre ! » Cela, mauvaises têtes et grands ennemis des meilleurs, a été objecté à Platon, a été objecté à Épicure, a été objecté à Zénon. Tous ceux-ci, en effet, disaient non comment ils vivaient, mais comment eux-mêmes auraient dû vivre. C'est de la vertu, non de moi, que je parle, et, lorsque j'invective les vices, c'est en premier lieu aux miens que je m'adresse : quand je le pourrai [3], je vivrai comme il le faut. **2.** Votre méchanceté bien imprégnée de venin ne me détournera pas des plus hautes valeurs, et ce poison même que vous répandez sur les autres et par lequel vous vous tuez ne m'empêchera pas moins de persister à louer non pas la vie que je mène mais celle dont je sais qu'il faut la mener, pas moins d'adorer la vertu et de la suivre à grande distance en rampant. **3.** M'attendrai-je par exemple à ce que quelque chose échappe à la malveillance dans la bouche de qui n'a respecté ni Rutilius ni Caton [4] ? Faut-il se

1. L'image médicale, fréquente dans le stoïcisme et même dans toute la philosophie antique, est ici poussée assez loin pour être ambiguë : Sénèque n'essaie plus de se guérir de ses vices mais d'en soulager les symptômes. On peut se demander si c'est la meilleure image pour représenter un progrès moral au sens stoïcien.

2. P. Veyne a certainement raison de voir ici une « ironie cinglante » : Sénèque veut dire, ironiquement, que comparé à ses détracteurs, qui se donnent pour des parangons de vertu, il est le pire des hommes.

3. Sans doute une allusion au projet de Sénèque d'échapper à ses obligations auprès de Néron.

4. Rutilius Rufus, contemporain de Scipion Émilien (qui détruisit Carthage en 146 avant J.-C.), fut injustement accusé de malversation et ne se défendit pas ; il était attiré par le stoïcisme. Caton d'Utique fut aussi injustement calomnié.

soucier de paraître trop riche aux yeux de ceux pour qui Démétrius le Cynique [1] n'est pas assez pauvre ? Cet homme si rigoureux qui lutte contre tous les désirs de la nature, plus pauvre que les autres cyniques du fait que, alors qu'ils se sont interdit de posséder, lui s'est aussi interdit de quémander, ils disent qu'il n'est pas assez pauvre ! Et pourtant, tu le vois, il a fait profession d'avoir la science non pas de la vertu, mais de la pauvreté [2].

XIX. 1. Du philosophe épicurien Diodore [3], qui s'est tué de sa propre main il y a peu de temps, ils disent qu'il n'a pas agi en suivant les préceptes d'Épicure en se tranchant la gorge [4]. Certains veulent voir dans son acte de la folie, d'autres de l'inconséquence. Lui, cependant, heureux et la conscience pure, s'est rendu témoignage à lui-même en sortant de la vie et il a loué la paix de sa vie passée au port et à l'ancre, et il a prononcé ces mots que vous avez entendus avec jalousie, comme s'ils disaient aussi ce que vous devriez faire :

« J'ai vécu et j'ai achevé la course que la Fortune m'avait attribuée [5]. »

2. Vous disputez sur la vie de l'un, sur la mort de l'autre, et en entendant le nom de gens remarquables, du fait qu'ils possèdent quelque mérite extraordinaire, vous aboyez comme de petits chiens quand ils rencontrent des inconnus. Vous avez intérêt à ce que personne ne paraisse bon,

1. Cet ami de Sénèque était un familier des grands en menant une vie de cynique. Caligula lui offrit 200 000 sesterces qu'il refusa.

2. Sénèque veut sans doute dire : si on trouve trop riche celui qui avait la pauvreté comme but, on trouvera encore plus riche le sage pour qui la pauvreté n'est pas un but mais un indifférent.

3. Inconnu par ailleurs.

4. Épicure condamnait le suicide.

5. Virgile, *Énéide* VI, 653.

comme si la vertu d'autrui était un blâme pour toutes vos fautes. Pleins d'envie, vous comparez leurs splendeurs à vos bassesses et vous ne comprenez pas combien c'est à votre détriment que vous avez ces audaces. Car si ceux qui suivent la vertu sont avares, débauchés, ambitieux, qu'en est-il de vous à qui le nom même de la vertu est odieux ? **3.** Vous prétendez qu'aucun d'eux ne réalise ce qu'il dit ni ne vit en suivant le modèle de son discours ; quoi d'étonnant à cela lorsque l'on profère des paroles courageuses, sublimes et qui échappent aux tempêtes humaines ? Alors qu'ils essaient de se déclouer de leur croix, chacun d'entre vous y ajoute ses propres clous [1] ; pourtant dans leur supplice ils sont suspendus chacun à un seul poteau ; quant aux autres [2], ceux qui tournent leur attention sur eux-mêmes se trouvent écartelés en autant de croix qu'ils ont de désirs, ou bien ils médisent et injurient élégamment les autres. Je croirais volontiers que cela ne les concerne pas, si certains du haut de leur gibet ne crachaient sur ceux qui les regardent [3].

1. La métaphore de Sénèque, qu'il file un peu laborieusement par la suite, veut sans doute dire que, en plus des clous qui fixent les philosophes à leur croix, leurs adversaires ajoutent leurs propres clous à leur propre croix. Ils ont alors sur leur croix deux ensembles de clous : ceux dont les philosophes essaient de se débarrasser, et les leurs.

2. C'est-à-dire les non-philosophes. Je comprends que Sénèque se réfère à trois et non pas à deux catégories d'individus, ce que marque le *aut* (*aut maledici*) corrigé en *at* (« correction nécessaire » dit P. Grimal) : les philosophes, les non-philosophes qui se penchent sur eux-mêmes, ceux qui insultent les philosophes.

3. Le sens de cette remarque n'est pas sûr et le texte en a été discuté. L'interprétation adoptée ici est la suivante : au premier abord les médisants semblent trouver de la satisfaction dans leurs calomnies, mais le fait qu'ils éprouvent le besoin de cracher sur les philosophes qui les regardent suspendus à la croix de leur concupiscence montre bien qu'ils ne sont pas si à l'aise qu'ils voudraient le faire croire.

Portrait de l'aspirant à la sagesse

XX. 1. Les philosophes ne réalisent pas ce qu'ils disent ? Pourtant ils réalisent beaucoup en disant ce qu'ils disent, en concevant dans leur esprit les notions morales ; certes si leurs actions allaient de pair avec leurs dires, qui serait plus heureux qu'eux ? En attendant il n'y a pas lieu de mépriser les bonnes paroles et les cœurs [1] pleins de bonnes pensées. Il est louable de s'occuper d'études salutaires, même si elles restent sans effet. **2.** Qu'y a-t-il d'étonnant qu'ils ne parviennent pas au sommet ceux qui escaladent des pentes escarpées ? Mais si tu es un homme, admire ceux qui entreprennent de grandes choses, même s'ils tombent. C'est une chose noble que de se lancer dans une entreprise en considérant, non pas ses propres forces, mais celles de sa nature [2], de tenter de grandes choses et d'en concevoir de plus grandes que celles que peuvent accomplir même ceux qui sont pourvus d'une grande âme. **3.** Celui qui s'est donné l'objectif suivant : « Moi je regarderai la mort avec le même visage qu'en en entendant parler. Moi j'accepterai tous les efforts, quelque grands qu'ils soient, l'âme soutenant le corps. Moi je mépriserai les richesses, présentes ou absentes, n'étant ni plus triste si elles se trouvent ailleurs, ni plus fier si elles étincellent autour de moi. Moi je serai insensible à la Fortune, qu'elle me vienne ou qu'elle me quitte. Moi je considérerai toutes les terres comme miennes,

1. Le neutre pluriel *præcordia* désigne le diaphragme ; pour les stoïciens, il s'agit de la région qui entoure le cœur, laquelle est le siège des sentiments.

2. C'est-à-dire la nature humaine qui, en elle-même, comporte la possibilité de la sagesse, que peu de gens peuvent atteindre avec leurs propres forces.

et les miennes comme celles de tous. Moi je vivrai comme si je savais que je suis né pour les autres et je rendrai grâce à la nature universelle d'un tel titre : de quelle manière, en effet, aurait-elle pu mieux mener mes affaires ? Elle m'a donné seul à tous et tout à moi seul. **4.** Tout ce que j'aurai, je ne le garderai pas comme un avare ni ne le répandrai comme un prodigue. Je ne croirai jamais posséder davantage que lorsque j'aurai donné à bon escient. J'évaluerai mes bienfaits non d'après leur nombre ou leur importance, mais d'après rien d'autre que l'estime que je porte à celui qui les reçoit ; jamais il ne me semblera trop donner à celui qui est digne de recevoir. Je ne ferai rien pour l'opinion, tout pour ma conscience ; je croirai agir sous le regard de tout le monde chaque fois que je le ferai devant ma seule conscience. **5.** J'aurai comme but en mangeant et en buvant de satisfaire les besoins de la nature [1], non de me remplir et de me vidanger le ventre. Moi, je serai agréable à mes amis, doux et indulgent à l'égard de mes ennemis, je me laisserai fléchir avant qu'on m'en prie et j'irai au-devant des demandes honnêtes. Je saurai que ma patrie est l'univers et que les dieux la gouvernent, qu'ils se tiennent au-dessus de moi et autour de moi et jugent mes actes et mes paroles. Quand la nature me réclamera ma vie ou que la raison la fera me quitter [2], je partirai en attestant que j'aurai aimé une conscience noble, des études nobles, que la liberté de personne n'aura été écornée de mon fait, la mienne encore moins » – celui donc qui se proposera, voudra et essaiera de faire cela, et tracera son chemin vers les dieux, même s'il n'y atteint pas,

1. Formule qui rappelle la doctrine d'Épicure, cf. D.L. X, 149.
2. Allusion au suicide.

« tombera néanmoins après avoir osé de grandes choses [1] ».

6. Quant à vous qui haïssez la vertu et celui qui lui rend un culte, vous ne faites rien qui puisse surprendre. Les yeux malades, en effet, craignent le soleil et les animaux nocturnes se détournent de l'éclat du jour : dès qu'ils se lèvent, ils sont saisis de stupeur et se précipitent dans tous les sens vers leurs cachettes, ils descendent dans quelques terriers, épouvantés par la lumière. Gémissez et utilisez votre funeste langue pour l'invective contre les biens. Ouvrez la gueule, mordez : vous vous casserez les dents bien avant qu'elles laissent leur marque.

XXI. 1. – Pourquoi celui-là s'adonne-t-il à la philosophie et mène-t-il une vie aussi riche ? Pourquoi dit-il qu'on doit mépriser les richesses et en possède-t-il ? Il pense qu'il faut mépriser la vie et pourtant il vit ? Il dit qu'il faut mépriser la santé et pourtant il en prend un soin extrême et la préfère excellente ? Et l'exil, il pense que c'est un mot vide de sens et il dit : « quel mal y a-t-il à changer de lieu ? », et pourtant, s'il en a la possibilité, il vieillira dans sa patrie ? Il juge qu'il n'y a pas de différence entre un temps plus long et plus court, pourtant, si rien ne l'en empêche, il prolonge son âge et demeure tranquillement vert dans une vieillesse avancée ? **2.** – Il prétend qu'on doit mépriser tout cela, non pas pour qu'on ne les possède pas, mais pour qu'on les possède sans s'en soucier. Il ne les chasse pas loin de lui, mais quand elles s'en vont il les suit tranquillement du regard. Où la Fortune placera-t-elle plus sûre-

1. Ovide, *Métamorphoses* II, 328.

ment sa richesse que chez celui qui la restituera sans plainte après l'avoir reçue ? **3.** Marcus Caton, quand il louait Curius et Coruncanius et ce siècle dans lequel les censeurs imputaient comme crime la possession de quelques lamelles d'argent [1], possédait lui-même quarante millions de sesterces, moins sans aucun doute que Crassus, plus que Caton le Censeur [2]. Il l'avait plus emporté, si on fait la comparaison, sur son aïeul que Crassus ne pouvait l'emporter sur lui, et si des richesses plus grandes lui étaient échues, il ne les aurait pas dédaignées. **4.** Le sage, en effet, ne s'estime pas indigne des dons de la Fortune : il n'aime pas les richesses, mais il les préfère [3]. Ce n'est pas dans son âme qu'il les accueille, mais dans sa maison ; il ne repousse pas celles qu'il possède mais les contrôle [4] et veut qu'elles fournissent plus de matière à sa vertu.

XXII. 1. Or serait-il douteux que le sage ait une plus grande matière pour déployer son âme en étant riche qu'en étant pauvre, puisque dans la pauvreté il n'est qu'un seul genre de vertu, à savoir ne pas fléchir ni se laisser dominer, alors que la richesse ouvre la voie à la tempérance, à la générosité, à la frugalité, à la prévoyance et à la magnificence ? **2.** Le sage ne se méprisera pas,

1. Il s'agit de Caton d'Utique, contemporain de César, qui regrettait le temps, au IIIe siècle avant J.-C., où l'argent monnayé n'existait pas encore. Quarante millions de sesterces correspondaient à quarante tonnes d'argent. Marcus Curius Dentalus, consul en 290 avant J.-C ; il répondit aux Samniens qui voulaient l'acheter qu'il préférait commander à ceux qui avaient de l'or qu'en posséder lui-même. Tiberius Coruncanius, consul en 280 avant J.-C., fut le premier grand pontife plébéien.

2. L'arrière-grand-père de Caton d'Utique, critique de la décadence des mœurs romaines. Crassus, qui fit partie du premier triumvirat avec César et Pompée, était très riche.

3. Dans l'éthique stoïcienne, la richesse est, en effet, un « préférable ».

4. Ou « les conserve ».

même s'il est de toute petite taille, mais il veut pourtant être grand [1]. Avec un corps malingre ou un œil en moins, il gardera sa vigueur, mais il préférera pourtant avoir un corps robuste et cela tout en sachant qu'il y a en lui quelque chose de plus vigoureux. **3.** Il supportera une mauvaise santé, mais en souhaitera une bonne. Certaines choses, en effet, même si elles sont de peu de poids par rapport à l'ensemble et peuvent être sans dommage enlevées au bien au sens propre, ajoutent pourtant quelque chose à l'allégresse continuelle qui naît de la vertu : les richesses ont l'effet joyeux qu'a le vent favorable qui pousse le navigateur, une belle journée et un endroit ensoleillé dans le froid hivernal. **4.** En outre, lequel parmi les sages (j'entends les nôtres pour qui il n'y a qu'un bien, la vertu) nie que ce que nous appelons les indifférents aient en eux-mêmes quelque prix et que certains soient plus valables que d'autres [2] ? À certains d'entre eux on attribue quelque valeur, à d'autres beaucoup. Ne te trompe pas : les richesses comptent parmi les plus valables. **5.** – Pourquoi donc, dis-tu, te moquer de moi puisqu'ils occupent la même place chez toi et chez moi ? – Tu veux savoir à quel point ils n'occupent pas la même place ? Chez moi, si les richesses s'écoulent, elles n'emporteront rien d'autre qu'elles-mêmes, toi, si elles s'éloignent de toi, tu resteras hébété et

1. La beauté est aussi l'un des « préférables ».

2. Selon les stoïciens, « tout ce qui est conforme à la nature a de la valeur, tout ce qui est contraire à la nature a une valeur négative. La valeur se dit en trois sens : c'est d'abord le prix et le mérite en soi, ensuite ce qui est reconnu avoir une valeur par l'expert, et troisièmement ce qu'Antipater appelle valeur de choix, selon laquelle, quand les circonstances le permettent, nous choisissons ces choses-ci plutôt que celles-là, par exemple la santé plutôt que la maladie, la vie plutôt que la mort, la richesse plutôt que la pauvreté » (Stobée II, 83, 10 ; *S.V.F.* III, 124 ; L.S. 58 D ; cf. tout le chap. 58 de L.S.).

tu te verras abandonné de toi-même ; chez moi, les richesses n'occupent qu'une place, chez toi, la place principale ; en fin de compte les richesses m'appartiennent, tu appartiens aux richesses.

XXIII. 1. Renonce donc à interdire l'argent aux philosophes : personne n'a condamné la sagesse à la pauvreté. Le philosophe aura de grandes ressources, mais qui n'auront été enlevées à personne, qui ne dégoutteront pas du sang d'autrui, que l'on se sera procurées sans nuire à quiconque [1], sans profits sordides, elles se retireront aussi dignement qu'elles sont venues, elles ne feront se lamenter personne d'autre que le méchant. Amasse-les autant que tu voudras : sont morales celles dans lesquelles, alors qu'elles contiennent beaucoup de choses que l'on voudrait dire siennes, il n'y a rien dont quelqu'un puisse dire que cela lui appartient. **2.** De fait le sage ne rejettera pas loin de lui les faveurs de la Fortune et ne se glorifiera pas plus qu'il ne rougira d'un patrimoine acquis par des moyens honnêtes. Il aura pourtant de quoi se glorifier, si, ayant ouvert sa maison et ayant mis tous les citoyens en présence de ses affaires, il peut dire : « ce que quelqu'un reconnaît comme sien, qu'il l'emporte ». Oh ! le grand homme, le meilleur des riches, si après avoir dit cela il possède autant ! Oui, dis-je, s'il se prête sans risque et sans appréhension à l'examen du peuple, si personne ne trouve rien chez lui dont il veuille s'emparer, il sera riche hardiment et ouvertement. **3.** Si le sage ne laisse franchir son seuil à aucun denier qui y

1. De telles affirmations sont étonnantes dans la bouche de quelqu'un qui devait l'essentiel de sa fortune à la faveur des empereurs, lesquels acquéraient souvent leurs richesses par la confiscation et le meurtre…

entrerait malhonnêtement, en revanche il ne repoussera pas de grandes richesses, dons de la Fortune et fruit de la vertu, et il ne leur fermera pas sa porte. Pourquoi, en effet, leur disputerait-il une bonne place ? Qu'elles se présentent, qu'il les accueille. Il ne s'en vantera ni ne les cachera (l'un serait le fait d'un niais, l'autre d'un peureux et d'un faible, comme celui qui veut cacher en son sein un grand bien), mais, comme je l'ai dit, il ne les expulsera pas de chez lui. **4.** Que dirait-il, en effet ? « Vous êtes inutiles » ou « je ne sais pas user des richesses » ? De même qu'il pourrait effectuer un trajet à pied mais préférera monter en voiture, de même, étant pauvre, s'il pouvait être riche, il le voudrait. Il aura donc des ressources, mais comme quelque chose de léger et qui peut s'envoler, et il ne supportera pas qu'elles soient pesantes à qui que ce soit ou à lui-même. **5.** Eh quoi ? Il donnera... pourquoi avez-vous dressé l'oreille ? pourquoi tendez-vous votre bourse [1] ? Il donnera ou aux gens de bien ou à ceux qu'il pourrait rendre bons, il donnera après mûre réflexion en choisissant les plus dignes, comme quelqu'un qui se souviendra qu'il a à rendre compte aussi bien des dépenses que des recettes, il donnera pour une raison droite et justifiable, car un cadeau offert à mauvais escient fait partie des honteux gaspillages ; il aura la bourse facile, pas la bourse percée d'où il sort beaucoup mais où rien ne tombe.

1. Littéralement : « le pli de votre toge ».

La générosité ; donner n'est pas facile

XXIV. 1. Il se trompe celui qui croit que donner est facile. La chose présente la plus grande difficulté, si l'on distribue avec discernement et qu'on ne répand pas ses dons au hasard et par lubie. Je m'attache celui-ci, je donne son dû à cet autre, je viens au secours de cet autre, j'ai pitié de celui-là, celui-ci, je viens à son aide parce qu'il est digne de ne pas être dévoyé ni possédé par la pauvreté, à certains je ne donnerai pas, bien qu'ils soient dans le besoin, parce que, même si je leur donnais, ils seraient encore dans le besoin, à certains j'offrirai, à certains même j'imposerai. Je ne peux pas me montrer négligent sur ce point ; je ne fais jamais un meilleur investissement que quand je donne. **2.** – Quoi, dis-tu, tu donnes pour recevoir [1] ? – Bien plus, c'est pour ne pas perdre ; il faut que le don soit mis là où on ne doive pas le réclamer, mais où il puisse être restitué. Il faut placer son bienfait comme un trésor profondément enfoui, que l'on n'extraira qu'en cas de nécessité. **3.** Eh quoi ? la propre demeure de l'homme riche, combien elle offre matière à faire le bien ! Appliquera-t-on, en effet, la libéralité aux seuls gens en toge [2] ? La nature m'ordonne d'être utile aux humains, qu'ils soient esclaves [3] ou libres, de naissance libre ou affranchis, libres juri-

1. Ce qui aurait une résonance épicurienne, la justice étant pour les épicuriens un contrat d'échange réciproque.

2. C'est-à-dire aux citoyens, les esclaves n'ayant pas le droit de porter la toge. Sénèque, après la libéralité appliquée aux gens de l'extérieur, passe à celle qui concerne les membres de la maison.

3. Des ms. récents, et certains éditeurs, suppriment « esclaves », ce qui change considérablement la portée des propos de Sénèque. Mais il explique plus bas qu'il faut découpler la « libéralité » de la « liberté » au sens juridique. C'est là une position révolutionnaire proprement stoïcienne.

diquement ou libres à la suite d'un accord à l'amiable [1], quelle importance ? Partout où il y a un humain il y a place pour un bienfait. C'est pourquoi, à l'intérieur des murs de sa maison, on peut distribuer son argent et exercer sa libéralité, laquelle reçoit cette appellation non pas parce qu'elle n'est due qu'à des hommes libres, mais parce qu'elle procède d'une âme libre. Cette libéralité, chez le sage, ne s'applique jamais à des gens honteux et indignes et jamais elle ne s'épuise à aller au hasard de sorte que, chaque fois qu'il se trouve quelqu'un qui en est digne, elle puisse couler à flots.

Discours de l'aspirant à la sagesse et du sage [2]

4. Vous n'avez donc pas à entendre de travers les propos moraux, courageux et pleins de cœur tenus par les aspirants à la sagesse. Et d'abord, prenez bien garde à ceci : une chose est d'être aspirant à la sagesse, une autre, d'avoir atteint la sagesse. Le premier te dira : « je parle bien, mais je me vautre encore dans bien des vices. Tu n'as pas à demander que je me conforme à mon programme, alors que je me fabrique et me façonne au mieux et que je m'élève vers un grand modèle ; quand j'aurai progressé autant que j'en ai l'intention, exige que mes actes correspondent à mes paroles ». Mais celui qui est parvenu au sommet du bien humain en usera autrement avec toi et

1. Beaucoup d'esclaves n'étaient pas affranchis dans les formes légales, ce qui avait notamment pour conséquence que c'étaient leurs maîtres qui héritaient de leurs biens.

2. En XXV, 4, le sage prendra un visage, celui de Socrate, auquel Sénèque prêtera son discours.

dira : « d'abord, tu n'as pas à te permettre de donner ton avis sur des gens meilleurs que toi ; j'ai déjà une preuve que j'ai raison, c'est qu'il m'est donné de déplaire aux méchants. **5.** Mais pour te fournir une explication que je ne refuse à aucun mortel, écoute ce que j'ai à dire et quel prix je donne à chaque chose. Je dis que les richesses ne sont pas un bien, car, si elles en étaient un, elles feraient des gens de bien. Or, puisque on ne peut pas appeler un bien ce que l'on rencontre chez les méchants, je leur refuse ce nom [1]. Pour le reste, qu'elles soient des choses à avoir, qu'elles soient utiles et qu'elles fournissent de grandes facilités dans la vie, je l'avoue.

XXV. 1. « Mais alors ? Pourquoi ne les compterais-je pas au nombre des biens et que vois-je en elles de différent par rapport à vous [2], puisque nos deux partis conviennent qu'il faut en posséder ? Sur ce point, écoutez. Mets-moi dans la maison la plus opulente, supposons que l'or et l'argent me soient d'un usage habituel : je ne me regarderai pas avec admiration à cause de ces choses qui, si elles sont auprès de moi, sont néanmoins extérieures à moi. Transporte-moi au pont Sublicius [3] et chasse-moi parmi les indigents, je ne me mépriserai pourtant pas de prendre place parmi ceux qui tendent la main pour une aumône. Qu'importe, en effet, que manque une bouchée de pain à celui à qui ne fait pas défaut la possibilité de mourir [4] ? Qu'en est-il donc ? Je

1. La prémisse sous-entendue étant : « on rencontre la richesse chez des méchants ».

2. Ce discours peut s'adresser aussi bien aux calomniateurs des philosophes qu'aux aristotéliciens.

3. Le plus vieux pont de Rome, rendez-vous des mendiants.

4. Par le suicide. Il est remarquable que Sénèque semble préférer la mort à la misère, attitude finalement peu stoïcienne.

préfère la maison splendide au pont. **2.** Place-moi au milieu d'un mobilier splendide et d'aspect raffiné, je ne me croirai en rien plus heureux parce que j'aurai un coussin moelleux, et qu'on étendra de la pourpre sous mes convives. Change mes couvertures, je ne serais en rien plus malheureux si ma nuque fatiguée se reposait sur une poignée de foin, si je me couchais sur de la bourre de cirque [1] qui s'échappe des rapiéçages d'une vieille étoffe. Qu'en est-il donc ? Je préfère montrer mon âme vêtue de la toge prétexte [2] […]. **3.** Que tous les jours se succèdent selon mes vœux, que de nouveaux sujets de satisfaction [3] s'ajoutent aux précédents : ce n'est pas pour cela que je serai satisfait de moi-même. Change en son contraire cette faveur des circonstances, que de-ci de-là mon âme soit accablée de dommages, de deuils, d'événements contraires de différentes sortes, qu'il ne se passe pas une heure sans lamentations, je ne me dirai pas pour cela malheureux au milieu des plus grands malheurs, je n'en exécrerai pas la lumière du jour pour autant ; car j'ai prévu qu'il n'y ait pour moi aucun jour funeste [4]. Qu'en est-il donc ? Je préfère modérer mes joies que réprimer mes souffrances. » **4.** Voici ce que le fameux Socrate te dirait : « Fais-moi victorieux de tous les peuples de l'univers, que le charmant char de Bacchus me transporte en triomphe depuis l'Orient jusqu'à Thèbes, que les rois me deman-

1. Au cirque, les spectateurs s'asseyaient sur des coussins.

2. Toge blanche bordée de pourpre portée par les jeunes gens jusqu'à seize ans et les principaux magistrats. Les mots suivants sont incompréhensibles tels qu'ils ont été transmis dans les ms.

3. Des sujets de satisfaction dus aux circonstances extérieures, comme Sénèque le dit dans la phrase suivante.

4. *Ater dies* désigne les « jours maudits », anniversaires de catastrophes (défaites…).

dent de donner des lois à leurs maisons [1] : je me penserai absolument comme un homme au moment même où je serai de toutes parts salué comme un dieu. À une position aussi sublime attache immédiatement un brusque changement : que je sois placé sur un brancard [2] étranger pour donner du lustre au triomphe d'un vainqueur orgueilleux et sauvage : je ne serai pas plus humilié d'être traîné sur le char d'un autre que quand je me tenais sur le mien. Qu'en est-il donc ? Je préfère pourtant être vainqueur que captif. **5.** Je mépriserai tout l'empire de la Fortune, mais, si le choix m'en est donné, j'en prendrai le meilleur. Tout ce qui pourra m'arriver se transformera en un bien, mais je préfère que m'arrivent des choses plus agréables et qui doivent moins tourmenter celui qui s'en occupe. Il ne faut pas, en effet, que tu t'imagines qu'aucune vertu existe sans peine, mais certaines vertus ont besoin d'un aiguillon, d'autres d'un frein. **6.** De même qu'un corps doit être retenu dans une pente et poussé dans une montée, de même certaines vertus sont sur une pente descendante, d'autres sur une montée. Y a-t-il le moindre doute que la faculté d'endurer, le courage, la persévérance s'élèvent, font effort, luttent et de même pour toute autre vertu qui s'oppose aux difficultés et qui force le destin ? **7.** Qu'en est-il donc ? N'est-il pas également manifeste que c'est sur une descente que vont la libéralité, la tempérance, la douceur ? Dans le

1. Peut-être une allusion à la légende de Bacchus (Dionysos) selon laquelle certains rois avaient essayé d'empêcher que l'on ne célèbre ses orgies sous leur toit avant d'y être contraints par les malheurs que le dieu envoya sur eux.

2. Le brancard sur lequel on portait les prisonniers ou les trophées durant le triomphe d'un général vainqueur.

cas de ces dernières, nous retenons notre âme pour qu'elle ne glisse pas en avant, dans le cas des premières nous l'exhortons et la poussons avec la dernière énergie. Donc, à la pauvreté nous appliquerons celles qui sont les plus vigoureuses, qui savent se battre, et aux richesses celles qui sont les plus attentives, qui posent le pied en retenant leur pas et savent retenir leur poids [1]. **8.** Cette division étant posée, je préfère pour mon propre usage celles qui demandent plus de calme pour s'exercer que celles dont l'exercice fait suer sang et eau. Donc, dit le sage [2], je ne vis pas d'une manière différente de celle dont je parle, mais c'est vous qui entendez différemment : seul le son de mes mots parvient à vos oreilles, ce qu'ils signifient, vous ne cherchez pas à le savoir. »

Différences entre le sage et l'insensé

XXVI. 1. – Quelle différence y a-t-il donc entre moi, l'insensé, et toi, le sage, si tous deux nous voulons posséder ? – Une très grande différence : car, dans le cas du sage, les richesses sont tenues en esclavage, dans le cas de l'insensé elles ont le pouvoir ; le sage ne permet rien aux richesses, à vous elles permettent tout ; vous, comme si on vous en avait promis la possession éternelle, vous y êtes habitués et vous leur êtes liés, alors que le

1. Si la métaphore de la montée et de la descente est encore valable, la pauvreté demande des vertus « montantes » (cf. « remonter la pente ») alors que les richesses ont besoin de la retenue de celui qui est sur une pente descendante (« savonneuse ») ; l'image de Sénèque est celle de quelqu'un qui se retient pour ne pas être entraîné par son poids.

2. Socrate.

sage s'exerce à la pauvreté au moment précis où il se tient au sein des richesses. **2.** Jamais un général ne se fie à la paix au point de ne pas se préparer à une guerre qui, même si elle ne se fait pas encore, est déclarée [1] : vous, une belle maison, comme si elle ne pouvait ni brûler ni s'effondrer, vous rend arrogants ; vous, les richesses, comme si elles s'étaient affranchies de tout péril et qu'à vos yeux elles étaient trop grandes pour que la Fortune ait des forces suffisantes pour les anéantir, vous stupéfient. **3.** Oisifs que vous êtes, vous jouez avec vos richesses et ne prévoyez pas les périls qu'elles encourent, comme les barbares, le plus souvent, dans une ville assiégée, ignorants des machines de siège, regardent nonchalamment les travaux des assiégeants, et ne comprennent pas l'utilité de ces constructions édifiées au loin. Il en va de même pour vous : vous vous amollissez au milieu de vos biens et vous ne songez pas à tous les accidents qui vous menacent de partout, déjà sur le point de vous ravir vos précieuses dépouilles. **4.** Quiconque enlèvera les richesses au sage lui laissera tous ses biens ; il vit, en effet, heureux du présent et rassuré sur l'avenir. Socrate, ou tout autre qui a le même droit et la même maîtrise sur les choses humaines, affirme : « Il n'y a rien dont je ne sois plus convaincu que ne pas plier le cours de ma vie à vos opinions. Amenez de partout vos propos habituels, je ne penserai pas que vous m'insultez mais que vous vagissez comme de misérables nourrissons. » **5.** C'est ce que dira celui qui participe de la sagesse, à qui son âme libre de vices ordonne de blâmer les autres, non parce qu'il les hait mais pour les corriger. Il ajoutera ceci : « Ce

1. Les Romains pouvaient être en état de guerre avec un peuple étranger sans mener d'opérations pendant de longues périodes.

que vous pensez de moi me touche, non pas pour moi-même mais pour vous : haïr et harceler la vertu [1] c'est renoncer à tout espoir d'atteindre le bien. Parce que par vos cris vous ne m'atteignez pas, pas plus que n'atteignent les dieux ceux qui renversent leurs autels. Mais une mauvaise intention et une mauvaise décision se révèlent, même là où leur auteur n'a pas eu les moyens de nuire. **6.** Ainsi, je supporte vos hallucinations comme Jupiter très bon et très grand supporte les inepties des poètes, dont l'un lui met des ailes, un autre des cornes, un autre en fait un adultère qui découche, un autre le fait cruel envers les autres dieux, un autre injuste envers les hommes, un autre ravisseur et corrupteur de gens libres et même de ses proches, un autre parricide et usurpateur d'un trône qui n'était pas à lui et appartenait à son père. L'effet de tout cela n'était rien d'autre que d'ôter aux hommes toute honte de mal faire s'ils avaient cru que les dieux fussent tels [2]. **7.** Mais bien que ces propos ne me nuisent en rien, je vous avertis pourtant dans votre propre intérêt : regardez avec respect la vertu, croyez ceux qui, ayant longtemps cherché à l'atteindre, proclament qu'ils ont cherché à atteindre quelque chose de grand et qui apparaît chaque jour plus grand, honorez-la comme on honore les dieux, et honorez ceux qui en font profession comme on honore des prêtres ; chaque fois qu'on fera mention des écrits sacrés, gardez un silence reli-

1. En adoptant la transposition de P. Grimal. En gardant l'ordre des ms. et en corrigeant *clamitatis* en *clamitantis*, comme le font la plupart des éditeurs, on aurait quelque chose comme : « parce que ceux dont les clameurs montrent qu'ils haïssent la vertu et qu'ils la harcèlent renoncent à tout espoir du bien ».

2. Les stoïciens avaient repris cette critique platonicienne des poètes relatant les faits et gestes des dieux.

gieux [1]. Cette expression ne vient pas, comme beaucoup le pensent, de “faveur”, mais elle ordonne le silence pour que rituellement la cérémonie sacrée puisse se dérouler sans qu’elle soit couverte par une voix de mauvais augure. Il est beaucoup plus nécessaire de vous l’ordonner à vous pour que, chaque fois que cet oracle proférera une parole, vous l’écoutiez avec attention et en vous retenant de bavarder. **8.** Quand quelqu’un, en agitant un sistre, ment sur l’ordre d’un dieu [2], quand un autre se montre expert à se taillader les muscles et, d’une main légère, rougit de son sang ses bras et ses épaules, quand un autre hurle en se traînant à genoux dans les rues et qu’un vieillard vêtu de lin, brandissant une branche de laurier et une lampe en plein jour, s’écrie que l’un des dieux est irrité, vous accourez, vous ouvrez les oreilles et vous affirmez qu’ils sont divins, chacun alimentant son ébahissement par celui des autres. »

XXVII. 1. Voici ce que Socrate proclame de cette prison qu’il a purifiée par le fait d’y entrer et qu’il a rendue plus respectable que tout sénat [3] : « Quelle folie est-ce là, quelle nature ennemie des dieux et des hommes de dénigrer les vertus et de

1. Littéralement « tenez votre langue favorable » (*favete linguis*), formule en usage au cours des cérémonies religieuses. La phrase suivante dit que *favete* ne vient pas de *favor*, la faveur. Les « écrits sacrés », selon la métaphore religieuse employée par Sénèque, sont sans doute les livres des maîtres stoïciens.

2. Peut-être parce qu’il prétend avoir reçu des avis divins en rêve. Sénèque fait ici un amalgame de rites nouvellement introduits à Rome, en prenant bien garde de ne pas s’attaquer à la religion romaine traditionnelle ; le sistre est un instrument employé dans les cultes égyptiens, dans plusieurs cultes orientaux les fidèles se tailladaient, les prêtres d’Isis étaient vêtus de lin, beaucoup de cultes employaient des lampes pour symboliser la lumière divine.

3. Ce « sénat » est l’Aréopage d’Athènes qui a condamné Socrate.

souiller les choses saintes par des propos infamants ? Si vous le pouvez, louez les gens de bien, sinon, passez votre chemin ; s'il vous plaît d'exercer votre hideuse licence, jetez-vous les uns sur les autres, car, quand vous tenez des propos déraisonnables contre le ciel, je ne vous accuse pas de sacrilège mais je dis que vous perdez votre peine. **2.** J'ai jadis fourni à Aristophane matière à plaisanterie [1], toute la troupe des poètes comiques ont déversé sur moi leur sel vénéneux : ma vertu s'est illustrée par les moyens mêmes par lesquels elle était attaquée ; il est avantageux pour elle d'être exposée et assaillie, et personne ne comprend davantage sa grandeur que les gens qui ont ressenti ses forces en la harcelant : la dureté du silex n'est mieux connue de personne que de ceux qui le battent. **3.** Je ne me présente pas autrement que comme quelque rocher abandonné dans une mer semée d'écueils [2], que les flots mus en tous sens ne cessent de battre et que, pourtant, ils ne peuvent ni déplacer ni user malgré le grand nombre de leurs chocs au cours de tant de siècles. Attaquez, élancez-vous : je vous vaincrai en vous supportant. Contre ce qui est ferme et insurmontable, c'est à ses propres dépens que celui qui les attaque exerce sa force. Ainsi donc, cherchez une matière molle et malléable dans laquelle vos traits s'enfoncent. **4.** Vous avez, en effet, le loisir de sonder les maux des autres et de porter des jugements sur tel ou tel : "Pourquoi ce philosophe habite-t-il une demeure si spacieuse ? Pourquoi

1. C'est toujours Socrate qui parle, faisant allusion aux *Nuées* d'Aristophane.

2. L'adjectif *vadosus* appliqué à la mer signifie « guéable », et désigne donc une mer qui laisse apercevoir les bas-fonds. La mer en question, donc, soit est agitée de fortes vagues, soit laisse voir des écueils. Les deux sens sont acceptables.

dîne-t-il de façon si somptueuse ?" Vous voyez les boutons des autres et vous, vous êtes couverts d'ulcères. C'est comme si quelqu'un se moquait de taches et de verrues sur les corps les plus beaux, alors qu'une gale féroce le dévore. **5.** Reprochez à Platon d'avoir demandé de l'argent, à Aristote d'en avoir reçu, à Démocrite de l'avoir dédaigné, à Épicure de l'avoir dépensé [1] ; à moi, objectez-moi Alcibiade et Phèdre [2], vous que je dirai heureux au plus haut point, dès qu'il vous arrivera d'imiter nos vices [3]. **6.** Que ne recensez-vous plutôt vos maux qui vous assaillent de tous côtés, les uns s'insinuant du dehors, les autres brûlant dans vos entrailles elles-mêmes ? Les choses humaines n'en sont pas arrivées au point que, même si vous ne vous rendez pas bien compte de votre situation, il vous reste assez de loisir pour faire aller votre langue pour couvrir d'injures des gens meilleurs que vous.

XXVIII. Voilà ce que vous ne comprenez pas et vous prenez un visage qui ne correspond pas à votre condition, comme beaucoup de gens qui, assis au cirque ou au théâtre, ont une maison où la mort est entrée et à qui ce malheur n'a pas encore été annoncé. Mais moi, regardant de haut, je vois les tempêtes qui vous menacent, et dont les nuées vont crever un peu plus tard, ou bien celles qui, déjà proches, sont tout près de vous emporter, vous et vos biens. Mais quoi ? Est-ce que

1. Il y a une intention polémique dans cette remarque sur Épicure qui était d'une extrême frugalité : même cela ne trouve pas grâce aux yeux des critiques malveillants qui trouvent qu'Épicure est prodigue. Il faut remarquer l'anachronisme d'un Socrate parlant d'Aristote et d'Épicure...

2. C'est toujours Socrate qui parle, faisant allusion à ses amants.

3. En reprenant la restitution de P. Grimal, sans toutefois ajouter comme lui *tunc* : *vos quos maxime felices dicam.*

maintenant aussi, même si vous ne le remarquez guère, un tourbillon ne roule pas et n'enveloppe pas vos âmes qui fuient et tout à la fois recherchent les mêmes objets, tantôt élevées au plus haut, tantôt brisées dans l'abîme. »

LA BRIÈVETÉ DE LA VIE

La thèse du traité : la vie n'est pas trop courte, c'est nous qui la perdons

I. 1. La plupart des mortels, Paulinus [1], se plaignent de la méchanceté de la nature : nous sommes nés pour une portion infime du temps et les heures qui nous sont données courent si rapidement que, à l'exception d'un très petit nombre, la vie nous abandonne tous au moment même où nous nous apprêtons à vivre. Ce n'est pas seulement la foule, le vulgaire ignorant, qui gémit sur ce prétendu « malheur » commun ; même à des hommes illustres un tel sentiment [2] arracha des plaintes. **2.** De là cette exclamation du plus grand des médecins : « La vie est courte, l'art est long [3]. » De là, chez Aristote, en procès avec la Nature, ce grief si peu digne d'un sage : « Aux animaux, elle a manifesté une telle bienveillance qu'ils prolongent leur existence pendant cinq ou six générations, mais, à l'homme, né pour tant de grandes choses, une limite bien inférieure est fixée [4]. » **3.** Non, nous n'avons pas trop peu de

1. Pour Pompeius Paulinus, cf. Introduction p. 37-39.

2. *Adfectus* est ici l'équivalent du grec *pathos* : « sentiment irréfléchi et incontrôlé ».

3. Le premier des *Aphorismes* d'Hippocrate.

4. Sénèque confond sans doute Aristote avec son successeur à la

temps, mais nous en perdons beaucoup. La vie est assez longue et largement octroyée pour permettre d'achever les plus grandes entreprises, à condition qu'elle soit tout entière placée à bon escient. Mais, quand elle s'écoule dans le luxe et l'indolence, quand elle n'est dépensée à rien de bien, sous l'empire enfin de la nécessité ultime, cette vie dont nous n'avions pas compris qu'elle passait, nous sentons qu'elle a trépassé. **4.** Oui, il en est ainsi : nous n'avons pas reçu une vie brève, mais nous la rendons brève ; pauvres, non, mais prodigues, voilà ce que nous sommes. Les ressources, fussent-elles immenses, royales, quand elles tombent aux mains d'un mauvais maître, sont dissipées en un instant, mais, même très modestes, quand elles sont confiées à un bon gardien, elles s'accroissent à mesure qu'il en fait usage : il en est ainsi de notre vie : elle s'étend loin pour qui en dispose bien.

Comment nous gaspillons notre temps

II. 1. Pourquoi nous plaindre de la nature ? Elle s'est montrée bienveillante. La vie, si l'on sait en user, est longue. Mais l'un est accaparé par une avidité insatiable, l'autre, par une dévotion laborieuse à de vains travaux ; un autre se noie dans le vin, un autre croupit dans la paresse ; un autre, une ambition toujours suspendue au jugement d'autrui l'épuise, un autre encore, le goût

---

tête du Lycée, Théophraste, si l'on en croit les *Tusculanes* de Cicéron (III, 69) : en mourant, Théophraste aurait accusé la nature de donner une longue vie aux cerfs et aux corneilles pour lesquels cela n'a pas d'importance, et une vie brève aux hommes à qui cela importe beaucoup.

effréné du commerce le promène sur toutes les terres, toutes les mers, par appât du gain. Certains sont tourmentés de passion militaire, toujours avides des dangers d'autrui ou inquiets des leurs. Il en est d'autres qui, à courtiser sans profit leurs supérieurs, se consument dans une servitude volontaire. **2.** Beaucoup ne s'occupent qu'à rechercher la beauté d'autrui ou à soigner la leur. La plupart, n'ayant aucun but précis, sont les jouets d'une légèreté irrésolue, inconstante, importune à elle-même, qui les ballotte sans cesse d'un nouveau projet à un autre. Certains ne trouvent rien qui leur plaise assez pour diriger leur course, mais le destin les surprend, engourdis et bâillants, si bien que je tiens pour vrai cette sorte d'oracle énoncé par le plus grand des poètes [1] :

« Infime est la portion de vie que nous vivons. »

Tout le reste de son étendue n'est pas de la vie, mais du temps. **3.** Les vices harcèlent, encerclent de toutes parts. Ils ne permettent ni de se relever, ni de lever les yeux pour distinguer la vérité, mais ils pèsent de tout leur poids sur les hommes immergés, empalés dans la passion, sans jamais les laisser revenir à eux. Si parfois le hasard leur accorde quelque répit, alors, comme en pleine mer, où, après la bourrasque, il reste du roulis, ils sont ballottés et jamais un loisir stable ne les met à l'abri des passions. **4.** Tu crois que je parle des hommes dont les maux sont reconnus ? Regarde ceux dont le bonheur fait accourir la foule : leurs biens les étouffent. Que de gens accablés par la richesse ! Combien perdent leur sang à force

1. On ne sait de quel poète il s'agit.

d'éloquence, à s'époumoner chaque jour [1] pour montrer leur talent. Combien pâlissent dans de continuelles voluptés ! Combien ont été dépouillés de toute liberté par le peuple des clients qui les entouraient ! Passe-les tous en revue, du plus petit au plus grand : celui-ci est accusé, celui-là, défenseur, un troisième, juge. Personne ne s'appartient, chacun se dépense pour autrui. Renseigne-toi sur ceux dont on apprend les noms par cœur. Tu verras qu'on les reconnaît à ces signes : celui-là est le dévot d'un tel, celui-ci, de tel autre, nul ne se dévoue à soi-même [2]. **5.** Rien n'est donc aussi dément que l'indignation de certains : ils se plaignent de la morgue des grands qui n'ont pas trouvé un moment pour leur accorder une audience. On ose se plaindre de l'orgueil d'autrui, alors qu'on n'a jamais de temps pour soi-même ! Pourtant cet homme, quel qu'il soit, avec son air insolent, ne t'en a pas moins regardé un jour, il a prêté l'oreille à tes paroles, il t'a fait place à ses côtés ; toi, jamais tu n'as daigné te regarder ni t'écouter toi-même. Il n'y a donc à faire valoir auprès de personne tes bons offices, puisque tu as agi comme tu l'as fait non parce que tu voulais être avec un autre, mais parce que tu ne pouvais être avec toi.

III. 1. Tous les plus brillants génies ont beau s'accorder sur ce point, jamais ils ne s'étonneront assez des ténèbres de l'esprit humain. On ne laisse personne s'emparer de sa propriété et, pour la plus petite discussion sur le bornage, on court aux pierres et aux armes ; mais on permet à autrui de

1. En adoptant la conjecture de Juste Lipse *cotidiano studio*, littéralement : « dans un zèle quotidien ».

2. *Cultor* désigne d'abord celui qui « cultive » ses relations sociales, puis celui qui « prend soin » de lui-même.

s'introduire dans sa vie ; bien plus, on introduit soi-même son futur propriétaire. On ne trouve personne qui veuille partager son argent, mais chacun distribue sa vie à tout venant. On s'attache à préserver son patrimoine, mais, dès qu'il s'agit de sacrifier son temps, on se montre extrêmement prodigue du seul bien à l'égard duquel l'avarice est honorable. **2.** Il nous plaît donc de prendre à parti quelque vieillard [1] dans la foule des autres : « Nous voyons que tu es parvenu au stade ultime de la vie humaine : cent ans ou plus pèsent sur toi. Allons ! Regarde derrière toi et fais le compte de ta vie. Dis combien, sur ce temps, t'ont pris ton créancier, ton ami, ton roi, ton client, tes disputes avec ta femme, la correction de tes esclaves, la course à tes mille obligations en ville. Ajoute les maladies fabriquées par nos soins [2], ajoute le temps inemployé : tu verras que tu as moins d'années que tu n'en comptes. **3.** Rappelle-toi quand tu as été ferme dans une résolution, combien de tes journées ont suivi le cours que tu leur destinais, quand tu as disposé de toi-même, quand ton visage est resté impassible, ton cœur, intrépide, quelle œuvre tu as accomplie dans une si longue durée, combien de gens ont gaspillé ta vie sans que tu prennes conscience de la perte, tout ce que t'ont soustrait la douleur vaine, la joie stupide, le désir avide, la conversation flatteuse, quelle part infime de ton bien t'est restée : tu comprendras que tu meurs prématurément. » **4.** Quelle en est la cause ? Vous vivez comme si

1. Cette apostrophe peut faire songer à l'invective de la Nature au vieillard qui refuse de mourir chez Lucrèce, III, 947 sv. Sur le rapport de Sénèque à l'épicurisme, voir l'Introduction.

2. Depuis Platon, au moins, le thème des maladies rançon des excès de la vie et des sophistications de la civilisation sont un lieu commun des philosophes et des moralistes.

vous deviez toujours vivre, jamais votre fragilité ne vous vient à l'esprit. Vous ne remarquez pas combien de temps a déjà passé. Vous le perdez comme s'il coulait à flots, intarissable, tandis que ce jour, sacrifié à tel homme ou telle occupation, est peut-être le dernier. Comme des mortels, vous craignez tout, mais comme des immortels, vous désirez tout. **5.** Tu entendras la plupart dire : « À cinquante ans, je prendrai ma retraite [1], ma soixantième année me délivrera de toute obligation. » Et de qui donc as-tu reçu la garantie d'une vie plus longue ? Qui permettra que tout se passe selon tes dispositions ? N'as-tu pas honte de garder pour toi les restes de ta vie et de ne destiner à la sagesse [2] que le temps qui ne peut être employé à aucune occupation. Qu'il est tard de commencer à vivre au moment où il faut cesser ! Quel stupide oubli de la condition mortelle que de remettre à cinquante et soixante ans les saines résolutions et de vouloir commencer la vie à un âge auquel peu d'hommes parviennent !

Exemples historiques

IV. 1. Même les hommes les plus puissants, les plus haut placés, laissent échapper, comme tu vas le voir, des paroles dans lesquelles ils souhaitent la retraite, la louent et la préfèrent à tous leurs biens. Ils aspirent à descendre de leur faîte, s'ils le peuvent sans danger ; car, à supposer même que rien ne vienne du dehors l'assaillir ou l'ébranler, la

1. Paulinus avait sans doute la cinquantaine.
2. « Sagesse » traduit ici *bona mens* qui indique à la fois droiture morale et la rectitude de la faculté de penser.

Fortune s'écroule sur elle-même. **2.** Le divin Auguste, que les dieux favorisèrent plus que personne, n'a cessé d'implorer le repos, de réclamer sa mise en congé des affaires publiques. Toute sa conversation revenait toujours à son espoir de retraite [1]. Par cette consolation illusoire, mais douce, il charmait ses travaux, se disant qu'un jour il vivrait. **3.** Dans une lettre adressée au sénat, dans laquelle il promettait que son repos ne manquerait pas de dignité et ne démentirait pas sa gloire antérieure, j'ai trouvé ces mots : « mais il serait plus beau de réaliser ces projets que d'en faire la promesse. Pourtant, mon impatience de voir arriver le moment tant désiré est telle que, la joie de la réalité se faisant attendre, j'en suis venu à goûter par avance quelque plaisir dans la douceur des mots ». **4.** La retraite lui semblait un bien si précieux qu'à défaut d'en profiter, il l'anticipait par la pensée. Celui qui voyait tout dépendre de lui seul, qui décidait du sort des hommes et des nations, pensait avec délices au jour où il se dépouillerait de sa grandeur. Il savait d'expérience combien les biens qui brillent sur toute la terre coûtent de sueur, combien ils cachent de secrètes inquiétudes. **5.** Forcé de combattre à main armée d'abord ses concitoyens, puis ses collègues, enfin ses proches [2], il répandit le sang sur terre et sur mer. Après avoir guerroyé à travers la Macédoine, la Sicile, l'Égypte, la Syrie, l'Asie, sur presque tous les

1. *Otium*, terme clé de cet ouvrage, désigne la retraite, le loisir, ou l'oisiveté ; cf. J.-M. André [1962].

2. D'abord les guerres civiles, contre Antoine à Modène en 43, contre Brutus et Cassius à Philippes en 42, contre les insurgés de Pérouse en 40 ; puis les luttes contre ses collègues : élimination en 37 de Lépide, puis guerre contre Antoine, vaincu à Actium en 31 ; enfin contre ses parents : Antoine avait épousé Octavie, la sœur d'Auguste.

rivages [1], il tourna ses armées, lasses du carnage romain [2], vers des guerres étrangères. Tandis qu'il pacifiait les Alpes, domptait les ennemis surgis au cœur de l'Empire et de la paix, repoussait ses frontières au-delà du Rhin, de l'Euphrate et du Danube, à Rome même s'aiguisaient contre lui les poignards de Murena, Caepio, Lépide et autres Egnatius [3]. **6.** Il n'avait pas encore échappé à leurs complots, que sa fille et tant de jeunes nobles, liés par l'adultère comme par un serment [4], épouvantaient sa vieillesse infirme et lui faisaient redouter femme pire que l'ancienne [5] avec ce nouvel Antoine. Il avait retranché ces ulcères en coupant ses propres membres. D'autres naissaient par-dessous ; comme un corps trop sanguin, il avait toujours une hémorragie quelque part. Aussi souhaitait-il la retraite ; dans cet espoir, cette pensée, il trouvait un allègement à ses peines. Tel était donc le vœu de celui qui pouvait satisfaire tous les vœux !

V. 1. Cicéron, ballotté entre les Catilina, les Clodius, les Pompée et les Crassus [6], les uns,

1. P. Grimal souligne que cette formule ressemble à celle que fit publier Auguste dans ses *Res gestae*, le résumé de ses actions, et qu'il s'agit peut-être d'une parodie de Sénèque.
2. C'est-à-dire lasses de massacrer des Romains.
3. Principaux conjurés : Murena et Caepio en 23, Lépide en 31, Egnatius, en 19.
4. Les adultères de la fille d'Auguste, Julie, et d'autres femmes provoquèrent un scandale en 2 avant J.-C. ; le serment suggère, étant donné le contexte, le serment qui lie le soldat : les conjurés forment une sorte d'armée de gens assermentés et liés par l'adultère. Sur les risques politiques de la conduite de Julie, voir Sénèque, *Des bienfaits*, VI, 32.
5. Cléopâtre, le nouvel Antoine (Jullus Antonius, deuxième fils d'Antoine) étant l'amant de Julie.
6. La conjuration de Catilina eut lieu en 63 avant J.-C., sous le consulat de Cicéron. Il est étrange que Pompée soit compté parmi les ennemis, même secrets, de Cicéron, et non moins étrange que César ne soit pas mentionné. Clodius, contre qui Cicéron avait plaidé, le fit exiler. Crassus était le troisième triumvir avec César et Pompée.

ennemis déclarés, les autres, amis douteux, voguant avec la République qu'il retient au bord de l'abîme, mais qui finit par l'y entraîner, n'ayant ni repos dans la prospérité, ni résistance dans l'adversité, combien de fois n'a-t-il pas maudit son fameux consulat, qu'il avait loué non sans raison, mais sans fin ? **2.** Quelles lamentations dans une lettre adressée à Atticus [1], au moment où, Pompée le père étant déjà vaincu, son fils tentait de ranimer en Espagne l'union brisée des armes. « Tu me demandes ce que je fais ici. J'attends à moitié libre, dans ma maison de Tusculum. » Puis il ajoute d'autres réflexions où il déplore le passé, se plaint du présent, désespère de l'avenir. **3.** Cicéron se dit « à moitié libre ». Non, par Hercule ! jamais un sage ne s'abaissera à un nom aussi humiliant, jamais il ne sera à moitié libre, toujours il jouira d'une liberté absolue et infrangible, il vivra affranchi, selon sa propre loi, plus haut que tout. Que peut-il exister, en effet, au-dessus de celui qui est au-dessus de la Fortune ?

VI. 1. Livius Drusus [2], homme rude et violent, qui avait fait renaître, par ses lois révolutionnaires, les méfaits des Gracques, escorté d'une foule immense venue de toute l'Italie, mais ne voyant

1. La lettre daterait, d'après ce témoignage de Sénèque, de la période allant d'août 48 (défaite de Pompée à Pharsale) au 17 mars 45 avant J.-C. (défaite infligée par César à Sextus Pompée, fils du grand Pompée à Munda). Comme les lettres de Cicéron à Atticus, toutes conservées pour cette période, ne contiennent pas ce passage, on a pensé que Sénèque cite de mémoire. P. Grimal remarque que le terme *semiliber* (« à moitié libre ») est employé dans un autre contexte en mai 45 dans une autre lettre (*Ad Att.* XIII, 31, 3).

2. Tribun de 91 avant J.-C. Il tenta notamment, à l'exemple des Gracques, de faire passer des lois en faveur de la plèbe (loi frumentaire et loi agraire) et une loi sur la possibilité d'attribuer le droit de cité aux Italiens, d'où la référence au cortège de toute l'Italie qui l'accompagnait. Il perdit son père à l'âge de quinze ans et n'était pas encore émancipé lorsqu'il exerça son influence au forum.

pas d'issue aux événements qui échappaient à son contrôle et dont il n'était pas libre de se dégager, après les avoir déclenchés, maudissait, dit-on, sa vie agitée dès ses débuts, précisant que lui seul, même enfant, n'avait jamais connu de jour férié. Encore sous tutelle et vêtu de la toge prétexte, il osa, en effet, recommander des accusés aux juges et imposer son influence au forum avec tant d'efficacité qu'il emporta certains jugements, comme cela est attesté. **2.** À quels déchaînements ne devait pas aboutir une ambition si prématurée ! On pouvait savoir qu'un malheur immense, tant privé que public, résulterait d'une audace si précoce ! C'est donc bien tardivement qu'il se plaignait de n'avoir connu aucun jour férié, lui qui, dès l'enfance, était séditieux et pesait sur le forum. S'est-il frappé lui-même ou non, c'est un point discuté [1]. En tout cas, soudain blessé à l'aine, il s'affaissa, quelques-uns se demandant si sa mort était volontaire, personne ne doutant qu'elle venait à temps. **3.** Il serait superflu de rappeler tous ceux qui, très heureux aux yeux des autres, ont porté un témoignage véridique sur eux-mêmes, en détestant toute l'activité de leurs années. Mais leurs plaintes n'ont changé ni les autres ni eux-mêmes, car, une fois les mots envolés, les passions reprennent leur cours habituel. **4.** Oui, votre vie dût-elle dépasser mille ans, elle se resserrera en un très petit espace : tous les siècles, vos vices les dévoreront : cet espace que la nature se hâte de parcourir, mais que la raison [2] accroît, vous échappera nécessairement bien vite ;

1. Le suicide irait dans le sens de la démonstration de Sénèque, mais il va contre ce qu'il dit dans le *Consolation à Marcia* (XVI, 4), et qui semble avéré, à savoir que Drusus a été assassiné.
2. C'est-à-dire la vie du philosophe.

car vous ne saisissez pas, vous ne gardez pas, vous ne retardez pas la chose la plus rapide au monde, mais vous la laissez partir comme si elle était superflue et sa perte, réparable.

Les « occupés » perdent leur vie

VII. 1. [1] Au premier rang [2], je mets ceux qui n'ont de temps libre que pour le vin et l'amour : il n'en est pas de plus honteusement occupés [3]. Les autres, même captifs d'une vaine image de gloire, ne manquent pas de panache dans leurs égarements. Tu peux énumérer les avares, les colériques, ceux qui poursuivent des haines ou des guerres injustes : tous sont fautifs, mais avec une certaine virilité. Mais s'abandonner à son ventre et à la débauche, c'est un infâme pourrissement. **2.** Dissèque toutes les journées de ces gens-là, vois tout le temps qu'ils passent à calculer, à comploter, à craindre, à courtiser, à être courtisé, le temps que leur prennent leurs procès et ceux des autres, les banquets qui sont maintenant de véritables obligations : tu verras comment leurs maux – ou leurs biens ! – ne les laissent pas respirer. **3.** Enfin, tout le monde convient qu'un homme occupé ne peut rien mener à bien, ni l'éloquence, ni les arts libéraux, puisqu'un esprit distrait ne

1. Ce chapitre paraît déplacé, et il a été parfois dépecé et ses paragraphes répartis dans le reste du texte (cf. par exemple E. Albertini [1923], p. 67, 179). Mieux vaut finalement garder l'ordre des ms. en se souvenant que ce texte n'est pas un traité philosophique rigoureusement construit.

2. Parmi les *occupati*, ceux qui sont au premier rang : les pires.

3. *Occupatus* est traduit par « occupé », bien que ce soit un terme sans doute trop faible. Les *occupati* sont ceux qui sont engagés dans des activités illusoires et courent après des chimères.

reçoit rien en profondeur, mais rejette tout, comme si on voulait le gaver. Rien n'est moins le fait d'un homme occupé que de vivre : il n'est point de savoir qui soit plus difficile. Pour les autres sciences, les professeurs sont partout et en grand nombre. On a vu de tout jeunes enfants se pénétrer si parfaitement de quelques-unes qu'ils étaient capables de les enseigner ensuite. Mais vivre, toute la vie il faut apprendre à le faire ; et, ce qui te surprendra peut-être davantage, toute la vie il faut apprendre à mourir. **4.** Tant de grands hommes [1] ont supprimé tous les obstacles, en renonçant aux richesses, aux emplois, aux plaisirs, pour ne s'occuper jusqu'au terme de leurs jours, que d'une seule chose : savoir vivre. Un certain nombre d'entre eux, cependant, ont quitté la vie en avouant qu'ils ne le savaient pas encore. Comment donc les malheureux dont nous parlons le sauraient-ils jamais ? **5.** C'est le propre d'un grand homme, crois-moi, et qui s'élève au-dessus des erreurs humaines, que de ne rien laisser soustraire de son temps. Sa vie est très longue parce que, tout le temps qu'elle dure, elle est tout entière à sa disposition. Rien n'en est resté inculte et oisif [2], rien n'en a été aliéné, car il n'a rien trouvé qui fût digne d'être échangé contre son temps, en trésorier très économe qu'il était. Le temps lui a donc suffi, mais il aura nécessairement manqué à ceux dont une bonne part de la vie fut accaparée par tout un chacun. **6.** Et ne va pas en conclure qu'ils ne s'aperçoivent jamais [3] du dommage. La plupart de ceux qu'une

1. En l'occurrence les sages.

2. Le mot *otiosus*, bien qu'il vienne de *otium*, le loisir dont Sénèque fait l'éloge, est ici péjoratif.

3. Quoi qu'en dise P. Grimal, il est nécessaire d'ajouter une négation au texte des ms.

grande félicité accable, tu les entendras s'écrier au milieu de leur troupeau de clients, des procès, ou autres honorables misères : « Il ne m'est pas permis de vivre. » **7.** Comment cela te serait-il permis ? Tous ceux qui t'appellent à leur aide t'enlèvent à toi-même. Combien de jours soustraits par cet accusé ? ce candidat ? cette vieille fatiguée d'enterrer ses héritiers ? ce riche qui, pour exciter l'avidité des captateurs de testament [1], joue au malade ? cet ami puissant qui vous garde non pour l'amitié, mais pour la parade ? Fais la balance des comptes [2], dis-je, et passe en revue tous les jours de ta vie : tu verras qu'il n'en est resté pour toi qu'un très petit nombre, le déchet. **8.** Celui-là, après avoir obtenu les insignes [3] tant désirés du consulat, souhaite l'abandonner et répète : « Quand cette année sera-t-elle passée ? » Celui-ci donne des jeux à l'issue d'un tirage au sort auquel il attachait une grande importance : « Quand, dit-il, pourrai-je m'enfuir de là ? » On s'arrache cet avocat dans tout le forum et, la foule se pressant en masse, tout l'espace au-delà duquel il peut être entendu, il le remplit de ce cri : « Quand suspendra-t-on les affaires ? » Chacun précipite sa vie et souffre du désir de l'avenir, du dégoût du présent. **9.** Mais celui qui consacre tout son temps à son usage personnel, qui organise toutes ses journées comme une vie entière, ne désire ni ne redoute le lendemain. Que pourrait

1. C'est une source très importante de revenus. Les gens riches avaient l'habitude de léguer des biens aux grands de ce monde : hommes politiques, écrivains... et jusqu'à l'empereur. Sénèque a obtenu de cette manière des sommes considérables.

2. Le terme appartient, comme beaucoup d'autres dans ce dialogue, au registre de l'administration et de la finance.

3. Littéralement « les faisceaux » ; ce sont, avec la hache, les insignes du pouvoir du consul. C'est ce pouvoir qu'ambitionne d'abord le candidat... La fonction dure un an.

donc jamais lui apporter une heure en fait de plaisir nouveau ? Il a tout connu, tout goûté à satiété [1]. Quant au reste, que la Fortune en dispose comme elle voudra. La vie de cet homme est désormais en sûreté. On peut lui ajouter, on ne peut rien lui enlever ; lui ajouter ? mais, comme un aliment à un homme déjà rassasié et rempli : il le prend, mais sans aucun appétit. **10.** Ainsi donc, quand un homme a des cheveux blancs et des rides, n'en conclus pas qu'il ait longtemps vécu ; il n'a pas longtemps vécu, il a longtemps été. Quoi donc ! penses-tu qu'il a beaucoup navigué celui qu'une violente tempête a surpris à sa sortie du port, a poussé çà et là et, dans les tourbillons de vents contraires, a fait tourner en cercle dans un même périmètre ? Il n'a pas beaucoup navigué, mais il a été beaucoup ballotté.

VIII. 1. Je m'étonne toujours quand je vois certaines personnes demander aux autres leur temps et ceux que l'on sollicite, l'accorder si facilement. De part et d'autre, chacun considère ce pourquoi on demande ce temps, mais le temps même, personne ! Comme si l'on ne demandait, comme si l'on n'accordait rien ! On se joue de la chose la plus précieuse au monde. Ce qui trompe, c'est que le temps est chose incorporelle [2] et qu'il ne tombe pas sous les yeux : on l'estime donc très bas ; et même, il n'a quasiment aucun prix. **2.** Les hommes paient très cher de leur personne pour bénéficier de pensions, de dons. Ils y consacrent leur travail, leur activité, leurs soins. Nul ne met un prix à son temps ; on en use largement, comme s'il ne coûtait rien. Mais ces mêmes

1. Ce thème est développé par Lucrèce, III, 943-949.
2. Pour les stoïciens, le temps est l'un des incorporels à côté du lieu, du vide et des exprimables.

hommes, vois-les malades, en danger de mort. Ils se traînent en suppliant aux genoux de leur médecin ; s'ils redoutent la peine capitale, ils sont prêts, pour vivre, à donner tout ce qu'ils ont : si grande est chez eux la discorde des passions ! **3.** Si l'on pouvait présenter à chacun le nombre de ses années à venir comme celui de ses années passées, combien ceux qui verraient le peu qui leur reste trembleraient ! Combien ils en deviendraient économes ! Or il est facile d'administrer un bien, si petit qu'il soit, lorsqu'il est assuré ; mais il faut conserver avec plus de soin encore celui dont on ne sait quand il fera défaut. **4.** N'en conclus pas, cependant, que ces gens ignorent combien le temps est chose précieuse. Ils ont coutume de dire à ceux qu'ils aiment beaucoup qu'ils sont prêts à leur donner une partie de leurs années. Ils donnent, mais ne comprennent pas. Ils donnent en prélevant sur eux-mêmes, sans profit pour les autres, mais ils ne savent même pas qu'il s'agit d'un prélèvement. Ils supportent donc facilement le sacrifice, le dommage leur restant caché. **5.** Mais personne ne restituera tes années, personne ne te rendra à toi-même. La vie continuera comme elle a commencé, sans remonter son cours ni l'interrompre ; elle ne fera pas de bruit, elle ne t'avertira pas de sa rapidité, mais s'écoulera en silence. Ni le commandement d'un roi, ni la faveur du peuple ne la prolongeront. Sur sa lancée initiale, elle poursuivra sa course : nulle part elle ne se détournera ; nulle part elle ne s'attardera. Qu'arrivera-t-il ? Tu es occupé, la vie se hâte ; la mort, cependant, arrivera et, bon gré mal gré, il faudra lui céder la place.

IX. 1. Peut-il y avoir rien de plus stupide que la conception [1] de certains hommes, j'entends ceux qui se targuent de prévoyance ? Ils sont trop laborieusement occupés pour être capables de mieux vivre. C'est au prix de leur vie qu'ils organisent la vie. Ils disposent leurs projets sur le long terme : or la plus grande perte pour la vie, c'est l'ajournement. Il nous arrache les journées une à une ; il dérobe le présent, en promettant l'avenir. Le plus grand obstacle à la vie, c'est l'attente qui dépend du lendemain et perd le jour présent. Ce qui est dans les mains de la Fortune, tu en disposes ; ce qui est dans les tiennes, tu le laisses échapper. Où regardes-tu ? Jusqu'où t'étends-tu ? Tout l'avenir gît dans l'incertitude. Vis tout de suite. **2.** Voici ce que proclame un très grand poète. Comme inspiré par la bouche du dieu, il chante ce chant salutaire :

> « Pour les malheureux mortels, le meilleur jour de tous
> s'enfuit le premier[2]. »

Pourquoi tarder, dit-il, pourquoi remettre ? Si tu ne t'en empares pas, il s'enfuit ; et quand tu t'en seras emparé, il s'enfuira malgré tout. Il faut donc combattre la rapidité du temps par la promptitude à en user. Il faut se hâter d'y puiser comme dans un torrent impétueux qui ne coulera pas toujours. **3.** Il est très beau aussi que, pour critiquer tes projets infinis, le poète ne dise pas « la meilleure vie », mais « le meilleur jour ». Toi qui es insoucieux et lent, malgré une telle fuite de tous les instants, pourquoi étends-tu, à ton profit, les

1. Pour ce passage très controversé, j'adopte le texte de Bourgery : *Potestne quicquam <stultius esse> quam quorundam sensus.*
2. Virgile, *Géorgiques* III, 66-67.

mois, les années en une longue série [1], aussi loin qu'en décide ton avidité ? Le poète te parle d'un jour, et d'un jour qui s'enfuit. **4.** Il ne faut donc pas en douter : le meilleur jour est celui qui le premier échappe aux mortels malheureux, c'est-à-dire occupés. Leur esprit est encore dans l'enfance quand la vieillesse les accable : sans préparation ni défense, voilà comme ils y parviennent. En effet, rien n'est prévu ; soudain, ils sont tombés dans la vieillesse, à l'improviste : ils ne sentaient pas que chaque jour elle s'approchait. **5.** Comme une conversation, une lecture, ou quelque pensée profonde trompent le voyageur qui s'aperçoit de son arrivée avant d'avoir su qu'il approchait, semblablement, le voyage ininterrompu et très rapide de la vie, qu'éveillés ou endormis nous faisons du même pas, les hommes occupés n'en prennent conscience que lorsqu'il se termine.

***Propositio* : la vie des hommes occupés est extrêmement courte. Analyse du temps en trois dimensions.**

X. 1. Si je voulais diviser ma thèse [2] en plusieurs parties et arguments, je trouverais toutes sortes de preuves pour montrer que la vie des hommes occupés est extrêmement courte. Fabianus [3], un de ces vrais philosophes à la manière ancienne, non de ceux qui montent en chaire, avait coutume de dire : « Il faut combattre les passions par la force, non par la subtilité ou par des

1. J'adopte la correction *in longam seriem* au lieu du *et longam seriem* des ms.
2. C'est la *propositio* (voir Introduction, p. 40) qui est énoncée à la fin de la phrase.
3. L'un des maîtres de Sénèque.

escarmouches, il faut parer à leur coup en les assaillant. » Il n'approuvait pas les argumentations captieuses : car on devait, ajoutait-il, assommer, non houspiller les passions [1]. Cependant, pour que ces hommes en viennent à critiquer leur erreur, il faut les instruire, non se contenter de les plaindre. **2.** La vie se divise en trois temps : celui qui est, celui qui fut, celui qui viendra. Des trois, celui que nous sommes en train de parcourir est court ; celui que nous parcourrons est incertain ; celui que nous avons parcouru est assuré : c'est en effet le temps sur lequel la Fortune a perdu ses droits et qui ne peut retomber au pouvoir de personne. C'est lui que manquent les hommes occupés ; car ils n'ont pas le temps de porter leur regard sur le passé et, à supposer qu'ils l'aient, bien désagréable est un souvenir suscitant le repentir. **3.** Malgré eux, donc, ils se rappellent le temps mal employé et ils n'osent pas ressaisir ces moments dont les vices, même ceux qui rampaient sous les jupes [2] du plaisir présent, sont mis à nu par la réflexion. Nul homme, sauf celui qui a toujours soumis ses actions à sa propre censure, laquelle ne se trompe jamais, ne se tourne volontiers vers son passé. **4.** Celui qui brigua toutes sortes de positions, qui afficha son mépris, qui abusa de la victoire, qui fut un prédateur cupide, un dissipateur insensé, doit nécessairement craindre sa mémoire. Et pourtant, cette partie de notre temps est sacrée, inviolable, préservée de tous les accidents humains, soustraite au règne de la For-

1. *Eos* (= les passions) a été ajouté par certains éditeurs.

2. J'ai transposé la métaphore de Sénèque qui utilise, en référence à ces passions qui rampent, la métaphore de l'art ou de l'artifice (et par extension des parures et afféteries) de l'entremetteuse traditionnelle, la *lena*, *lenocinium* signifiant à la fois le métier de l'entremetteuse et ses artifices et parures.

tune. Elle ne subit ni la pauvreté, ni la crainte, ni l'invasion des maladies. Impossible de la troubler ou de l'enlever : sa possession est perpétuelle et tranquille. Les jours ne sont présents que l'un après l'autre, et même instant par instant, mais tous les jours du passé accourront à ta demande ; ils se laisseront examiner et retenir à ton gré [1]. C'est ce que les hommes occupés n'ont pas le temps de faire. **5.** Il appartient à une âme insouciante et tranquille de courir de-ci de-là dans les diverses parties de sa vie, mais l'esprit des hommes occupés, comme maintenu sous le joug, ne peut se retourner et regarder en arrière. Leur vie s'en va donc à l'abîme. Et de même qu'il ne sert à rien de verser toute la quantité de liquide qu'on voudra, s'il n'y a pas de récipient pour le recevoir et le garder, de même, peu importe la quantité de temps accordé, s'il n'a rien où se fixer ; à travers ces âmes fêlées et percées, il ne fait que passer [2]. **6.** Le temps présent est extrêmement bref, au point que certains ont nié son existence [3]. En effet, toujours en mouvement, il coule et se précipite : il a cessé d'être avant d'arriver et il ne souffre pas davantage de retard que le monde et les astres dont la mobilité ne connaît pas le repos et ne reste jamais à la même place. Seul, donc, le présent concerne les hommes occupés, mais il est si bref qu'il reste insaisissable ; même ce temps, tiraillés qu'ils sont par la multitude de leurs occupations, ils se le laissent dérober.

1. Sorte de transposition de la thèse épicurienne selon laquelle le sage jouit du souvenir de ses plaisirs passés.
2. Comparer Lucrèce, III, 936-937 et VI, 17-21. La métaphore du récipient percé lui est peut-être empruntée.
3. C'était, entre autres, la position de Chrysippe.

Les « occupés » ne savent pas se servir du temps et ne sont pas des hommes de loisir

XI. 1. Enfin, veux-tu savoir combien ils vivent peu de temps ? Vois combien ils désirent vivre longtemps. Des vieillards décrépits mendient dans leurs prières un supplément de quelques années. Ils se figurent qu'ils sont plus jeunes, se flattent d'un mensonge et s'abusent avec autant de plaisir que s'ils trompaient en même temps le destin. Mais quand une infirmité les avertit de leur condition mortelle, dans quel effroi ils meurent : non comme s'ils sortaient de la vie, mais comme si on les en arrachait. Ils crient qu'ils ont été stupides de n'avoir pas vécu et que, s'ils réchappent de cette maladie, ils vivront dans la retraite. Alors, ils reconnaissent combien ils ont amassé en vain ce dont ils ne jouiront pas, combien tous leurs efforts sont réduits à rien. **2.** Au contraire, quand la vie se passe loin de toute affaire, pourquoi ne serait-elle pas étendue ? Rien n'en est délégué, rien n'en est dispersé, rien n'en est livré à la Fortune, rien ne s'en perd par négligence, rien n'en est retranché par prodigalité, rien n'en est superflu. En totalité elle représente, pour ainsi dire, un capital qui rapporte. Aussi brève qu'elle soit, elle suffit largement : c'est pourquoi, lorsque viendra le dernier jour, le sage n'hésitera pas à marcher à la mort d'un pas assuré.

XII. 1. Tu te demandes peut-être quels sont les hommes que j'appelle « occupés ». Ne crois pas que je réserve ce nom à ceux qui n'abandonnent le tribunal que lorsqu'on finit par lâcher les chiens pour les jeter dehors ; ceux que tu vois étouffés magnifiquement dans la foule de leurs clients ou honteusement parmi les clients des autres, ceux que leurs obligations tirent de leurs maisons pour les écraser contre la porte des grands ; ceux que la vente de biens [1] aux enchères excite à un gain infâme, qui un jour suppurera. **2.** Quelques-uns ont leur loisir occupé : dans leur villa, dans leur lit, au milieu du désert, alors qu'ils sont retirés loin de tous, c'est leur propre personne qui les encombre : leur vie ne peut être appelée vie de loisir, c'est une occupation oisive. Appelles-tu homme de loisir celui qui assortit avec une minutie anxieuse des vases de Corinthe, devenus précieux par la folie de quelques personnes, et qui perd la plus grande partie de ses jours parmi des métaux rouillés ; celui qui, sur le sol huilé du gymnase (ô dépravation ! les vices dont nous souffrons ne sont même pas romains [2] !), est à son poste d'amateur de jeunes garçons qui se battent ; celui qui apparie, selon l'âge et la couleur, ses chevaux par troupeaux ; celui qui paît des athlètes dernier cri ? **3.** Quoi ! Appelles-tu hommes de loisir ceux qui passent chez le coiffeur des heures entières à se faire arracher tout ce qui leur est poussé pendant la nuit, à tenir conseil sur chaque cheveu, à faire remettre en ordre une chevelure ébouriffée ou, si elle est clairsemée, à la rabattre de chaque côté sur le front ? Comme ils s'emportent, si le barbier a été un peu trop négligeant, croyant raser un homme ! Comme ils s'enflamment, si l'on coupe quelque peu leur crinière, si quelque détail n'est pas en ordre, si le tout ne retombe pas en leurs boucles chéries ! Qui d'entre eux ne préférerait le désordre de l'État à celui de sa chevelure ? Qui ne s'inquiète pas davantage de

1. Sans doute les biens des proscrits.
2. Mais grecs.

l'arrangement que du salut de sa tête ? Qui ne préfère être bien coiffé plutôt qu'homme de bien ? Appelles-tu hommes de loisir ceux qui occupent leur temps entre un peigne et un miroir ? **4.** Et que dire de ceux qui s'appliquent à composer, à écouter, à apprendre des chansons ; qui forcent leur voix, dont la nature a fait le son juste, excellent et simple, à des inflexions et modulations langoureuses ; dont les doigts rythmant quelque mélodie intérieure ne cessent de claquer ; que, même à l'occasion de réunions sérieuses, et souvent tristes, on entend fredonner entre leurs dents ? Ces gens-là n'ont pas des loisirs, mais des affaires d'oisifs. **5.** Quant à leurs festins, par Hercule ! je ne les compterais pas parmi les moments libres, quand je vois avec quel scrupule ils disposent l'argenterie, avec quelle recherche ils retroussent les tuniques de leurs gitons, avec quelle anxiété ils attendent que le sanglier sorte des mains du cuisinier, avec quelle rapidité, au signal donné, ces épilés [1] courent de tous côtés faire le service, avec quel art les volailles sont découpées en morceaux bien réguliers, avec quel soin de malheureux petits esclaves essuient les crachats des gens ivres. C'est avec cela que s'acquiert la réputation d'élégance et de délicatesse ! Leurs maux les suivent si obstinément dans tous les recoins de leur vie qu'ils ne peuvent ni boire, ni manger sans affectation. **6.** Ne compte pas non plus parmi les hommes de loisir ceux qui se font porter çà et là en chaise ou en litière et qui se présentent toujours à l'heure

1. Les serviteurs dont le maître a précédemment veillé à retrousser la tunique pour faire apparaître leurs jambes soigneusement épilées, comme s'ils étaient de jeunes garçons, alors qu'ils sont des adultes (*exoleti*, terme souvent employé pour désigner des débauchés ou des gitons).

fixée pour leur promenade, comme s'il ne leur était pas permis de s'en abstenir ; ceux qui ont besoin d'un autre pour leur indiquer quand ils doivent se laver, nager, dîner : leur âme délicate est tellement liquéfiée par l'excès de mollesse qu'ils ne peuvent savoir par eux-mêmes s'ils ont faim. **7.** J'ai entendu dire qu'un de ces délicats (si l'on peut appeler délices le fait de désapprendre la vie et l'habitude humaines), au moment où plusieurs bras l'enlevaient du bain et le plaçaient sur une chaise, demanda : « Suis-je assis, maintenant ? » Un homme qui ignore s'il est assis, penses-tu qu'il sache s'il vit, s'il voit, s'il a du loisir ? J'aurais peine à dire si je le plains davantage de l'avoir ignoré ou d'avoir fait semblant de l'ignorer. **8.** Il y a beaucoup de choses que ces gens oublient sincèrement, mais beaucoup qu'ils feignent d'oublier ; certains vices les charment, comme des preuves de félicité. Ce serait passer pour un homme obscur et méprisable que de savoir ce que l'on fait. Va donc croire maintenant que les mimes [1] mentent beaucoup, quand ils stigmatisent le luxe. Par Hercule ! ils omettent plus de choses qu'ils n'en inventent ; et la foule de vices incroyables a tellement progressé en ce siècle dont l'ingéniosité s'est limitée à ce domaine que nous pourrions désormais accuser les mimes d'insuffisance. **9.** Il existe un homme assez perdu de délicatesse pour ne se fier qu'à autrui pour savoir s'il est assis ! Il n'est donc pas homme de loisir, celui-là ! Donne-lui un autre nom : c'est un malade, pire, un mort ! L'homme de loisir est celui qui a le sentiment de son loisir. Mais ce demi-vivant, qui a besoin d'un guide pour comprendre la position

1. Les spectacles appelés « mimes » se moquaient souvent des riches et des gens à la mode.

de son corps, comment pourrait-il être maître d'un temps quelconque ?

XIII. 1. Il serait trop long de passer en revue tous ceux qui ont perdu leur vie aux échecs, à la paume, ou à se griller soigneusement le corps au soleil. Ils ne sont pas hommes de loisir, ceux dont les plaisirs ont beaucoup à faire. Quant à ceux qui, dans les lettres [1], s'appliquent à d'inutiles études, personne ne doute qu'avec toutes leurs peines ils ne font rien : désormais chez les Romains aussi, ils sont légion. **2.** Ce fut la maladie des Grecs de chercher quel nombre de rameurs avait Ulysse, si la première écrite fut l'*Iliade* ou l'*Odyssée*, et puis si elles sont bien du même auteur, ou d'autres fariboles de ce genre qui, si on les garde pour soi, ne procurent aucune satisfaction muette à la conscience et, si on les publie, ne font pas paraître plus savant, mais plus ennuyeux. **3.** Voici que les Romains eux aussi sont envahis par ce goût frivole des études superflues. J'entendais ces jours-ci quelqu'un rapporter ce que chacun des généraux romains avait été le premier à faire : le premier, Duillius [2] remporta un combat naval ; le premier, Curius Dentatus [3] mena des éléphants à son triomphe. Encore ces recherches, sans tendre à la vraie gloire, s'exercent-elles sur des exemples d'actes civiques. Une telle science n'est guère profitable, mais la belle vanité des faits peut nous y retenir. **4.** Admettons aussi que l'on cherche qui persuada le premier aux Romains de monter sur un navire (ce fut Claudius, surnommé *caudex* parce qu'un assemblage

1. On a fait remarquer qu'il est difficile d'imaginer que le passage contre les études inutiles qui suit ait pu être publié sous l'empereur Claude qui se piquait d'érudition.

2. Vainqueur des Carthaginois en 260 avant J.-C. à Mylae.

3. Vainqueur de Pyrrhus à Bénévent en 270 avant J.-C.

de planches s'appelle *caudex* chez les Anciens ; d'où le nom de « codex », donné aux tables de la loi ; et maintenant encore, les navires qui, selon la coutume ancienne, apportent les approvisionnements par le Tibre s'appellent « codicaires »). **5.** Sans doute y a-t-il quelque intérêt à établir que Valérius Corvinus a vaincu le premier la ville de Messine [1] et que, le premier de la famille des Valerii, il fut appelé Messana, du nom de la ville qu'il avait prise, puis peu à peu Messala, le peuple ayant changé une lettre. **6.** Mais admettras-tu qu'on se soucie que Sylla, le premier, ait lâché dans le cirque des lions, tandis qu'autrefois ils étaient attachés, et que le roi Bocchus [2] ait envoyé des archers pour les tuer ? Passe encore dans ce cas. Mais que Pompée, le premier, ait donné un combat au Cirque mettant dix-huit éléphants aux prises avec des condamnés, quel intérêt tant soit peu honorable cela peut-il avoir ? Le premier personnage de la cité, et parmi les dirigeants d'autrefois, rapporte la tradition, le plus remarquable par la bonté, a considéré comme un spectacle mémorable une manière nouvelle de faire périr les hommes. « Ils combattent à mort : ce n'est pas assez. Ils sont mis en pièces : ce n'est pas assez ; il faut qu'ils soient écrasés par l'énorme masse des animaux [3] ! » **7.** Il aurait mieux valu laisser pareilles choses dans l'oubli, de peur que plus tard quelque puissant ne les apprît et ne vînt à envier un acte aussi inhumain. Oh, quelles ténèbres répand sur notre intelligence une grande félicité ! Cet homme

1. En latin *Messana*. La victoire date de 263 avant J.-C. Valérius Corvinus était l'ancêtre de Messaline, la femme de Claude.

2. Roi de Maurétanie, beau-père ou gendre de Jugurtha qu'il finit par livrer à Sylla.

3. Par un procédé rhétorique, ces mots sont attribués par Sénèque à Pompée.

s'est cru au-dessus de la nature, lorsqu'il livrait toutes ces bandes de malheureux à des bêtes féroces, nées sous un autre ciel, lorsqu'il engageait le combat entre des êtres vivants si disproportionnés, lorsqu'il versait des flots de sang pour donner un spectacle au peuple romain, qu'il devait bientôt contraindre à en verser à son tour davantage. Pourtant, lui aussi, plus tard, trompé par la perfidie alexandrine [1], offrit au plus vil des esclaves son corps à transpercer, comprenant enfin la vaine prétention de son surnom [2]. **8.** Mais, pour revenir au point dont je me suis écarté et montrer, en explorant la même matière, la vaine méticulosité de certains hommes, le même érudit racontait que Metellus, dans le triomphe qu'il remporta après sa victoire sur les Carthaginois en Sicile [3], fut le seul de tous les Romains à mener devant son char cent vingt éléphants captifs ; que Sylla fut le dernier des Romains à agrandir le pomerium [4], tandis que la coutume ancienne exigeait de ne l'agrandir qu'après une conquête sur l'Italie, et jamais sur les provinces. Mais il est plus utile de savoir cela que d'apprendre, comme il l'affirmait, que le mont Aventin est en dehors du pomerium [5], pour l'une de ces deux causes : soit parce que la plèbe s'y retira, soit parce que les oiseaux, quand Remus prit les auspices sur cette colline, ne le désignèrent pas… et mille autres choses qui sont ou truffées de mensonges ou de même tonneau. **9.** Car, en admettant qu'ils disent tout cela de bonne foi, qu'ils se por-

1. Pompée fut assassiné en Égypte.
2. Le *cognomen* de Pompée était « le Grand » (*Magnus*).
3. Triomphe de 260 avant J.-C. après la victoire de Palerme.
4. Limite religieuse de Rome.
5. On a invoqué ce passage pour décider de la date de composition de *La Brièveté de la vie*, parce que en 49 Claude inclut l'Aventin dans le pomerium ; le traité serait donc antérieur à cette date.

tent garants de leurs écrits, de qui ces balivernes diminueront-elles les erreurs ? De qui réprimeront-elles les passions ? Qui rendront-elles plus brave, plus juste, plus libéral ? Mon maître Fabianus disait qu'il se demandait souvent s'il ne valait pas mieux ne s'intéresser à aucune étude, que de s'enchaîner à celles-là.

Les sages et le loisir

XIV. 1. Seuls sont hommes de loisir ceux qui se consacrent à la sagesse. Seuls ils vivent ; car non seulement ils protègent bien la durée qui leur appartient, mais ils ajoutent la totalité du temps au leur. Toutes les années antérieures à eux leur sont acquises. Si nous ne sommes pas les derniers des ingrats, les illustres fondateurs des saintes doctrines sont nés pour nous, ils nous ont préparé la vie [1]. Vers ces beautés sublimes, tirées des ténèbres pour briller au grand jour, nous avançons sous la conduite du labeur d'autrui. Aucun siècle ne nous est interdit ; dans tous, nous sommes admis. Et s'il nous plaît de franchir par la puissance de notre esprit les étroites limites de l'humaine faiblesse, vaste est le temps à parcourir. **2.** Nous pouvons discuter avec Socrate, douter avec Carnéade, nous reposer avec Épicure, vaincre la nature humaine avec les stoïciens, la dépasser avec les cyniques. Puisque la nature nous admet en la communauté du temps tout entier, pourquoi ne pas sortir de l'étroit et périlleux passage de la

1. L'idée est donc que nous nous approprions les siècles en étudiant les philosophes anciens et en suivant leurs préceptes. Comme le montre la suite, Sénèque ne pense pas ici seulement aux stoïciens ; cf. Introduction p. 39.

vie pour nous donner de toute notre âme à ces méditations immenses, éternelles, partagées par les meilleurs esprits ? **3.** Ceux qui courent d'une obligation sociale à une autre, qui tracassent eux-mêmes et les autres, lorsqu'ils auront bien satisfait leur folie, lorsqu'ils se seront promenés quotidiennement de seuil en seuil, sans passer aucune porte qu'ils aient trouvée ouverte, lorsqu'ils auront porté à la ronde dans les maisons les plus éloignées leurs salutations intéressées, quelle infime proportion d'habitants auront-ils pu voir dans cette ville immense et écartelée entre tant de passions diverses ? **4.** Combien s'en trouvera-t-il dont le sommeil, la débauche ou la grossièreté les auront éconduits ? Combien, après les avoir tenus longtemps dans l'angoisse, passeront en courant, feignant d'être pressés ? Combien éviteront de traverser l'atrium empli de clients et se réfugieront dans les recoins obscurs de leur demeure, comme s'il n'était pas plus grossier de tromper que de refuser sa porte ! Combien, encore à moitié endormis et alourdis par leur ivresse de la veille, face à ces malheureux qui ont interrompu leur propre sommeil pour attendre le réveil d'un autre et entrouvrent à peine les lèvres pour susurrer mille fois son nom, les gratifieront en retour du plus insolent des bâillements ! **5.** Nous pensons, quoique nous en disions, que seuls s'attardent à leurs véritables devoirs, les hommes qui, tous les jours, voudront avoir Zénon, Pythagore, Démocrite, tous les prêtres des sciences du bien [1], Aristote, Théophraste, comme amis intimes. Aucun d'eux ne sera occupé, aucun ne renverra un visiteur sans qu'il soit plus heureux, plus

1. Les « arts bons » (*bonae artes*) recouvrent les formations intellectuelle et morale.

ardent à l'aimer, aucun ne le laissera partir les mains vides. De nuit comme de jour, tous les mortels peuvent aller les trouver.

XV. 1. Aucun d'eux ne te forcera, tous t'apprendront à mourir. Aucun d'eux ne te fait perdre tes années, chacun te donne les siennes. Avec eux, jamais de conversation dangereuse, d'amitié funeste, de déférence trop cher payée. Tu retireras d'eux tout ce que tu voudras : il ne tiendra qu'à toi de puiser largement, autant que tu pourras [1]. **2.** Quelle félicité, quelle belle vieillesse attendent celui qui s'est mis sous leur patronage ! Il aura des amis avec qui délibérer sur les plus grandes comme sur les plus petites choses, qu'il pourra consulter tous les jours sur lui-même, de qui il entendra la vérité sans outrage et la louange sans flatterie, à la ressemblance desquels il pourra se façonner. **3.** Nous avons coutume de dire qu'il ne fut pas en notre pouvoir de choisir nos parents, le hasard nous les ayant donnés ; mais il nous est permis de naître à notre gré. Il y a des familles de nobles génies [2] : choisis celle où tu veux être admis. Par adoption, tu ne recevras pas seulement leur nom, mais leurs biens eux-mêmes que tu n'auras pas à défendre en avare, de manière abjecte : ils s'accroîtront d'autant plus que tu les partageras avec plus de personnes. **4.** Ces génies t'ouvriront le chemin de l'éternité. Ils t'élèveront à une place d'où personne n'est précipité : voilà le seul moyen de prolonger la condition mortelle, bien plus, de la

1. En lisant, avec P. Grimal *ceperis* pour le *coeperis* des ms.

2. La comparaison des écoles philosophiques à des familles était assez fréquente. Ici Sénèque adopte une position tolérante et à la limite de l'indifférence, en semblant mettre toutes les écoles sur le même pied. Mais c'est en raison de la qualité du destinataire de son ouvrage ; cf. Introduction p. 39.

convertir en immortalité. Les honneurs, les monuments, tout ce que l'ambition a commandé par ses décrets [1] ou construit par ses efforts, s'écroule bien vite. Il n'est rien que le vieillissement ne démolisse ou n'ébranle. Mais il ne peut rien contre ce que la sagesse a consacré : aucun âge ne l'abolira, aucun âge ne l'affaiblira. L'une après l'autre, les générations sans cesse apporteront un tribut à son culte, car, si l'envie porte sur ce qui est proche, nous admirons sans réserve ce qui est placé au loin. **5.** La vie du sage s'ouvre donc largement : il n'a pas pour clôture la même borne [2] que les autres. Seul, il est affranchi des lois du genre humain, tous les siècles lui sont soumis comme à Dieu. Le temps, est-il passé ? Il s'en saisit par le souvenir. Présent ? Il en fait usage. À venir ? Il l'anticipe. La réunion de tous les temps en un seul lui fait une longue vie.

Les « occupés » et le temps

XVI. 1. Mais quand les hommes oublient le passé, négligent le présent et craignent l'avenir, leur existence est extrêmement brève et troublée. Au dernier instant, ils comprennent, trop tard, les malheureux ! que pendant si longtemps ils ont été occupés à ne rien faire. **2.** Ne considère surtout pas comme une preuve de la longueur de leur vie le fait que, parfois, ils invoquent la mort. Ce qui les tourmente, c'est leur imprévoyance face aux passions traîtresses qui précipitent leur course

1. On peut comprendre soit que ce sont les gens qui reçoivent les honneurs qui les suscitent, soit que ce sont ceux qui les rendent qui en prennent l'initiative.

2. Image sans doute empruntée à Lucrèce, I, 72.

vers cela même qu'ils redoutent. Souvent aussi, ils ne désirent la mort que parce qu'ils la redoutent. **3.** Ne regarde pas non plus comme la preuve qu'ils vivent longtemps, le fait que souvent la journée leur paraît longue, qu'en attendant le moment fixé pour leur souper, ils se plaignent que les heures passent trop lentement. Car, si jamais leurs occupations les abandonnent, échoués dans l'oisiveté, ils bouillonnent et ne savent comment l'organiser pour la traîner jusqu'au bout [1]. Ils aspirent donc à une occupation et tout l'intervalle de temps qui les en sépare leur est pénible. Eh oui ! par exemple, lorsque le jour d'un combat de gladiateurs est affiché ou que tout autre spectacle ou divertissement est attendu, ils voudraient sauter les jours qui les en séparent. **4.** Tout délai opposé à leur espérance est long ; mais ce temps qu'ils aiment est court, fugace, et leur vice le raccourcit encore, car ils fuient une chose pour une autre et ne peuvent s'arrêter à un seul désir. Pour eux, les journées ne sont pas longues, mais odieuses. Combien, au contraire, leur paraissent courtes les nuits qu'ils passent dans les bras des courtisanes ou dans le vin ! **5.** De là, le délire des poètes qui entretiennent par des fables les égarements des hommes : ils ont imaginé que Jupiter, enivré par la volupté d'une nuit d'amour, en doubla la durée [2]. N'est-ce pas enflammer nos vices que de les faire remonter aux dieux et de fournir à notre maladie, par l'exemple de la divinité, une excuse à tous les débordements ? Mais à ces débauchés, comment ne paraîtraient-elles pas

1. En lisant *ut* ; mais d'autres ms. portent *aut* : ni l'organiser ni l'ôter (= s'en débarrasser).

2. C'est ce que fit Zeus pour rester plus longtemps avec Alcmène, la mère d'Hercule.

très brèves, ces nuits qu'ils achètent si cher ? Ils perdent le jour dans l'attente de la nuit, la nuit dans la crainte du jour.

XVII. 1. Leurs plaisirs mêmes sont inquiets, agités par des terreurs diverses et, au milieu des plus vives exaltations, surgit cette angoissante pensée : « Combien cela durera-t-il ? » Ce sentiment a fait pleurer les rois sur leur puissance : ils n'étaient pas charmés par la grandeur de leur fortune, mais effrayés à l'idée que son terme adviendrait. **2.** Lorsqu'il déployait sur de vastes espaces une armée dont il mesurait non pas le nombre, mais l'étendue, le roi de Perse le plus arrogant versa des larmes à l'idée que dans cent ans personne, parmi toute cette jeunesse, ne survivrait. Pourtant, le destin de ces guerriers, il allait, lui qui pleurait, le précipiter, les faire périr, les uns sur mer, les autres sur terre, les uns dans le combat, les autres dans la fuite ; il allait consumer en un temps très bref toutes ces existences, pour lesquelles il redoutait la centième année. **3.** Pourquoi leurs joies sont-elles, elles aussi, inquiètes ? C'est qu'elles ne reposent pas sur des causes solides : l'inanité qui les fait naître leur apporte aussi le trouble. De quelle qualité penses-tu que soient les instants qui, de leur propre aveu, sont pitoyables, quand ceux pour lesquels ils se glorifient et se placent au-dessus de l'homme ne sont pas purs ? **4.** Leurs biens les plus grands regorgent de soucis et la meilleure Fortune est, de toutes, la moins fiable. Il faut un autre coup de chance pour conserver sa chance et les vœux exaucés exigent d'autres vœux. En effet, tout ce qui vient du hasard est instable. Plus une position est haute, plus elle risque d'entraîner la chute : or ce qui menace de tomber ne plaît à personne. Elle est donc nécessairement très malheureuse – et pas seulement fort brève –, la vie de ceux qui se donnent beaucoup de peine pour acquérir ce dont la possession exigera davantage. **5.** Ils obtiennent laborieusement ce qu'ils veulent, gardent anxieusement ce qu'ils ont obtenu. Ce faisant, ils ne tiennent pas compte du temps qui ne reviendra jamais plus. De nouvelles occupations remplacent les anciennes ; l'espoir aiguise l'espoir, l'ambition, l'ambition. On ne cherche pas la fin des misères, mais on en change la nature. Nos honneurs [1] nous ont-ils tourmentés ? Ceux des autres nous ont pris encore plus de temps. En avons-nous fini avec les fatigues de notre candidature ? Nous devenons agents électoraux. Sommes-nous débarrassés de la corvée d'accuser ? Celle de juger nous échoit. A-t-on cessé de juger ? On préside le tribunal. A-t-on vieilli dans la gestion salariée des biens d'autrui ? On est tiraillé par sa propre fortune. **6.** Marius a-t-il reçu congé de son brodequin militaire ? Voici la dure campagne du consulat [2]. Cincinnatus se hâte-t-il d'achever sa dictature ? On le rappellera de sa charrue. Contre les Carthaginois, on verra marcher, trop jeune pour une si grande entreprise, Scipion : vainqueur d'Hannibal, vainqueur d'Antiochus, gloire de son propre consulat [3], garant de celui de son frère, il serait, si lui-même n'y mettait obstacle,

1. C'est-à-dire les magistratures que nous avons exercées.

2. Marius exerça six consulats de 107 à 100 avant J.-C. Cincinnatus fut deux fois dictateur. Ce dernier exemple est curieux, parce que Cincinnatus est l'exemple même de l'homme qui ne recherche pas les honneurs.

3. Scipion l'Africain vainquit Hannibal et Antiochus en 190 avant J.-C. Accusé de corruption, il s'exila. Son frère est Scipion l'Asiatique.

placé à côté de Jupiter. Ce sauveur, les discordes civiles le poursuivront et, après avoir dédaigné, jeune homme, des honneurs l'égalant aux dieux, vieillard, il aura plaisir à ambitionner un exil obstiné. Jamais ne manqueront, heureuses ou malheureuses, les causes d'inquiétude. Les occupations bousculeront la vie. Le loisir, jamais nous ne l'aurons, toujours nous le désirerons.

Exhortation à Paulinus

XVIII. 1. Arrache-toi donc au vulgaire, très cher Paulinus, et après avoir été trop souvent ballotté pour la longueur de ta vie, retire-toi enfin dans un port plus tranquille. Songe combien de bourrasques tu as essuyées, combien d'orages privés tu as affrontés, combien de tempêtes publiques tu as appelées sur toi. Désormais, ta vertu s'est suffisamment manifestée à travers des épreuves pénibles et difficiles. Expérimente ce qu'elle peut faire dans la retraite. La plus grande partie de ta vie, assurément la meilleure, a été donnée à la République. Prends aussi pour toi quelque chose de ton temps. **2.** Je ne t'invite pas à un repos paresseux ou inactif, non plus qu'à noyer dans le sommeil, dans les voluptés chères à la foule, toute ta ressource d'énergie. Cela n'est point se reposer. Tu trouveras des tâches plus hautes que celles dont tu t'es jusqu'ici activement occupé et tu les exécuteras dans le retrait et la sécurité. **3.** Tu administres, il est vrai, les comptes de la terre entière [1] avec le même désintéressement que ceux d'autrui, la même attention que les tiens, le même scrupule que ceux de l'État. Tu te

1. Paulinus doit faire venir du blé de toutes les parties de l'Empire.

concilies l'amour dans une fonction où il est difficile d'éviter la haine. Pourtant, crois-moi, mieux vaut connaître les comptes de sa vie que ceux de l'annone. **4.** Ta vigueur d'âme, capable entre toutes des plus grandes choses, retire-la d'un ministère sans doute honorable, mais peu propice à la vie heureuse. Songe que tu n'as pas cultivé dès ton plus jeune âge tous les arts libéraux pour que des milliers de boisseaux de blé te soient judicieusement confiés. Tu avais fait espérer de toi quelque chose de plus grand et de plus élevé. On ne manquera pas d'hommes joignant à une frugalité économe une laborieuse activité. Tellement plus aptes à porter les fardeaux sont les lentes bêtes de somme que les chevaux de race ! Du reste, qui a jamais accablé leur généreuse agilité sous un lourd bagage ? **5.** Songe encore à la quantité de soucis que représente l'énorme charge à laquelle tu te soumets. C'est au ventre des hommes que tu as affaire ; or un peuple affamé ne supporte pas la raison, l'équité ne le calme pas, aucune prière ne le fléchit. Naguère, dans les quelques jours où Caligula périt (si les habitants des Enfers ont encore quelque sentiment, il s'y réjouissait de se dire que, bien que le peuple romain lui eût survécu, il ne restait plus de ravitaillement que pour sept ou huit jours [1]), tandis qu'il faisait des ponts en reliant des navires entre eux, qu'il jouait avec les forces de l'Empire, on en était venu au dernier des malheurs, même pour des assiégés : le manque de vivres. La mort – ou peu s'en faut –, la famine et, conséquence de la famine, l'effondrement de toutes choses : voilà ce que coûtait l'imita-

1. Texte altéré. Je suis la suggestion de P. Grimal : *sibi dicebat* ; peut-être une allusion au souhait de Caligula que le peuple romain n'ait qu'une seule tête pour qu'il puisse la couper…

tion d'un roi fou, étranger, despote malchanceux [1]. **6.** Quels furent alors les sentiments de ceux à qui avait été confié le soin d'approvisionner Rome, mais que les pierres, le fer, le feu, Caligula [2] attendaient ? Dans la plus grande dissimilation, ce mal caché dans les entrailles, ils en taisaient la gravité. Avec raison, sans doute, car certaines maladies doivent être traitées à l'insu des malades. Beaucoup sont morts d'avoir connu leur mal.

XIX. 1. Fais retraite vers les activités plus calmes, plus sûres, plus grandes que je te propose. Serait-ce, d'après toi, la même chose que de veiller à ce que le blé parvienne entier dans les entrepôts, sans subir de perte par la fraude ou la négligence des transporteurs, à ce qu'il ne prenne pas d'humidité, qui le gâterait ou le ferait fermenter, à ce que la mesure et le poids en soient exacts ; ou bien d'accéder à ces études sacrées et sublimes qui t'enseigneront de quelle matière Dieu est composé, quel est son plaisir [3], sa condition, sa forme ; quel sort attend ton âme ; dans quel lieu nous dépose la nature, lorsque nous avons quitté notre corps ; ce qui soutient au centre les corps les plus pesants de notre monde, suspend au-dessus les corps légers, emporte le feu au sommet, impose aux astres leurs révolutions… et puis tous les autres phénomènes emplis de miracles [4] ? **2.** Veux-tu quitter le sol pour regarder en esprit ces régions qui sont tiennes ?

1. Caligula imitait Xerxès qui fit construire un pont de bateaux (cf. XVII, 2). Caligula avait fait construire un pont de bateaux entre Pouzzoles et sa villa, réquisitionnant tous les navires qui ne pouvaient donc pas transporter des vivres.
2. C'est-à-dire sa colère : il les accuserait d'être responsables des pénuries.
3. D'autres manuscrits ont *uoluntas*, « volonté » au lieu de *uoluptas*.
4. Même si ce traité est philosophiquement œcuménique, Sénèque suggère quand même ici que le stoïcisme a des réponses à toutes ces questions.

C'est maintenant, tant que le sang est chaud [1], qu'il nous faut aller avec vigueur vers des horizons meilleurs. Dans ce genre de vie t'attendent une somme de bonnes disciplines [2], l'amour des vertus et leur pratique, l'oubli des passions, la science de la vie et de la mort, une profonde tranquillité.

Péroraison

XX. 1. La condition de tous les gens occupés est malheureuse, mais la plus malheureuse est celle des hommes qui ne dépensent pas leur peine à leurs propres occupations, mais qui dorment au sommeil d'un autre, marchent au pas d'un autre et qui, pour aimer et haïr, les deux choses les plus libres au monde, obéissent à des ordres. Ceux-là, s'ils veulent savoir combien leur vie est brève, qu'ils considèrent quelle portion leur en revient. **2.** Quand donc tu verras une toge prétexte déjà souvent revêtue [3], un nom célèbre dans le Forum, n'en sois pas jaloux. Tout cela s'achète au détriment de la vie : pour attacher leur nom à une seule année, ils consument toutes leurs années. Certains, qui tentaient de parvenir au comble de leur ambition, dès leurs premiers efforts, la vie les a abandonnés ; d'autres, après avoir percé, par mille indignités, au faîte des dignités, sont brusquement pénétrés de la triste pensée que tous leurs efforts se réduisent à une épitaphe ; il en est dont l'extrême vieillesse, tandis qu'ils en disposent comme de la

1. La vieillesse, dans les conceptions physiologiques antiques, était censée s'accompagner d'une diminution de la chaleur vitale.

2. Voir note 1, p. 128.

3. L'expression « revêtir la toge prétexte » est ici employée au sens métaphorique de revêtir une magistrature : quand tu verras quelqu'un obtenir fréquemment des magistratures.

jeunesse pour de nouvelles espérances, au milieu de leurs efforts acharnés, démesurés, succombe d'épuisement. **3.** Abject, oui ! l'homme qui, dans un procès pour des chicaneurs totalement inconnus, voulant, malgré son grand âge, gagner les applaudissements d'un auditoire ignorant, perdit le souffle ! Infâme, celui qui, plus tôt lassé de vivre que de travailler, s'est effondré au milieu de ses obligations mondaines ! Infâme, celui qui, en se tuant à vérifier ses comptes, fit bien rire son héritier après l'avoir longtemps fait lanterner ! **4.** Je ne puis passer sous silence un exemple qui me vient à l'esprit. Turannius était un vieillard débordant d'activité. À plus de quatre-vingt-dix ans, recevant, à l'initiative de Caligula, l'exemption de sa procuratèle [1], il se fit placer sur un lit et pleurer comme mort par ses domestiques assemblés. Toute la maison déplorait la retraite de son vieux maître et n'interrompit les manifestations de tristesse que lorsqu'on lui rendit son labeur. Est-il donc si agréable de mourir occupé ? **5.** Presque tous les hommes ont le même état d'esprit. Le désir de travail survit à la capacité de travailler. On lutte contre la faiblesse du corps. Quant à la vieillesse, on ne la juge pénible qu'à ce titre : elle éloigne des affaires. Après cinquante ans, la loi ne mobilise plus le soldat ; après soixante ans, elle ne convoque plus le sénateur. Les hommes obtiennent plus difficilement le repos d'eux-mêmes que de la loi. **6.** Cependant, tandis qu'ils sont à la fois pillés et pilleurs, tandis que l'un trouble le repos de l'autre, qu'ils se rendent mutuellement mal-

1. Turannius était sans doute préfet de l'annone, ce qui donne encore plus de poids à l'exemple de Sénèque. « Procuratèle » est à prendre en un sens général de « charge ». Peut-être l'âge indiqué ici est-il une exagération, si c'est bien du même personnage dont parle Tacite (*Annales* XI, 31).

heureux, leur vie est sans fruit, sans plaisir, sans aucun progrès pour l'âme. Il n'est personne qui regarde la mort en face, personne qui n'étende au loin ses espérances. Certains même règlent ce qui est au-delà de leur vie : tombeaux gigantesques, dédicaces de monuments publics, jeux auprès de leur bûcher [1], obsèques ambitieuses. Mais, par Hercule ! considérant que ces gens-là ont très peu vécu, on devrait les enterrer à la lueur des torches et des cierges [2].

1. Certains jeux, et notamment les combats de gladiateurs, étaient, à l'origine, des rites funéraires.
2. Comme on le fait pour les enfants.

CHRONOLOGIE

Vers l'an 4 av. J.-C. : Naissance à Cordoue de Sénèque (Lucius Annaeus Seneca), fils d'Helvia et de Marcus Annaeus Seneca, dit « Sénèque le Rhéteur ».

14 apr. J.-C. : Mort d'Auguste. Avènement de Tibère. Sénèque fait ses études à Rome où son père l'a conduit. À la fin de son adolescence, il suit les cours du pythagoricien Sotion, du stoïcien Attale, enfin de Papirius Fabianus.

Entre 25 et 31 : Séjour en Égypte où son oncle C. Galerius est préfet. Sénèque y travaille peut-être à ses premiers ouvrages scientifiques (perdus), dont un consacré à ce pays.

31 : Retour de C. Galerius et de sa femme à Rome. Sénèque est du voyage (v. *Consolation à Helvia*, XIX, 4). Mort de son oncle en mer.

Chute de Séjan, cruel ministre de Tibère. Sénèque est à Rome (v. *Questions naturelles*, I, 1, 3).

Entre 32 et 36 : Débuts de la carrière politique : Sénèque est questeur, et, par là, devient, de droit, sénateur.

37 : Mort de Tibère. Avènement de Caligula. Celui-ci prend ombrage des succès d'orateur de Sénèque. Naissance de Néron.

Entre 37 et 41 : Sénèque poursuit sa carrière : est-il tribun de la plèbe ? Édile ?

39 : Mort de Sénèque le Père.

Vers 40 : *Consolation à Marcia*, première œuvre conservée.

41 : Assassinat de Caligula. Avènement de Claude.

Naissance de Britannicus, fils de Claude et de Messaline.

À partir de 41 : *De ira* (*De la colère*).

Fin 41 : Sénèque s'étant lié à Julia Livilla, sœur de Caligula, est relégué en Corse par Claude.

Vers 42 : *Consolation à Helvia.*

Julia Livilla meurt en exil.

43-44 : *Consolation à Polybe.*

48 : Mort de Messaline.

49 : Mariage de Claude et d'Agrippine. Rappel de Sénèque après huit ans de relégation en Corse, sans doute grâce à Agrippine. Il devient préteur.

De breuitate uitae (*De la brièveté de la vie*).

À partir de 49 : Sénèque est précepteur du jeune Néron.

50 : Néron est adopté par Claude.

Vers 54 ? : *De tranquillitate animi* (*De la tranquillité de l'âme*), d'après P. Grimal [1] mais d'autres estiment l'ouvrage postérieur au *De constantia sapientis.*

54 : Mort de Claude, empoisonné par Agrippine. Avènement de Néron.

Apocoloquintose (discours satirique tournant en ridicule l'empereur défunt alors que Sénèque avait aussi rédigé son éloge officiel, prononcé par Néron).

De 54 à 59 : « Quinquennat » de Sénèque, aidé par Burrus.

55 : Assassinat de Britannicus.

Vers 55-56 : *De constantia sapientis* (*De la constance du sage*).

56 : *De clementia* (*De la clémence*) ou, au moins, le premier livre qui est un discours-programme politique.

Sénèque consul ?

58 : Attaques de Suillius (v. Tacite, *Annales*, XIII, 42-43) contre Sénèque qui riposte en suscitant un procès. Sénèque, devenu fort riche, est, semble-t-il alors, à l'apogée de son pouvoir.

Vers 58 : *De uita beata* (*De la vie heureuse*) où Sénèque paraît se défendre contre les attaques personnelles dont il fut l'objet.

Début de la liaison de Néron avec Poppée.

59 : Assassinat d'Agrippine. Sénèque choisit de couvrir le crime pour sauvegarder le pouvoir impérial et la paix publique.

Entre 58 et 60 ? : *De beneficiis* (*Des bienfaits*).

62 : Mort de Burrus. Néron, influencé notamment par Tigellin, échappe de plus en plus au contrôle de son vieux maître. Il répudie Octavie (qui mourra peu après) et épouse Poppée. Sénèque offre à Néron de se retirer

1. Voir Bibliographie.

(v. Tacite, *Annales*, XIV, 53 et suiv.). Celui-ci refuse officiellement, mais, en réalité, Sénèque se met, de lui-même, progressivement à l'écart et se consacre à ses derniers ouvrages.

Vers ou à partir de 62 : *De otio* (*Du loisir*). Début des *Questions naturelles*. Début des *Lettres à Lucilius* que P. Grimal date de juillet 62, d'autres de 63 : dans la première hypothèse, les Saturnales de la *Lettre* 18 seraient celles de décembre 62 ; le printemps, dans la *Lettre* 24, serait celui de l'année 63 où se situerait également le procès que redoute Lucilius.

Vers 63 ? : *De prouidentia* (*De la providence*).

La correspondance continue alors que Lucilius est procurateur en Sicile et Sénèque, tantôt à Rome, tantôt en Campanie.

64 : Sénèque se trouve à Pompéi, puis à Naples. Sans doute a-t-il suivi l'empereur dans ses déplacements.

Grand incendie de Rome (v. Tacite, *Annales*, XV, 41 et suiv.).

64 ou 65 : Incendie de Lyon (*Lettre* 91).

Sénèque rédige (?) des *Livres de philosophie morale* (perdus).

65 : Conjuration de Pison. Sénèque est probablement informé de ce qui se trame, peut-être impliqué. Néron, ayant découvert le complot, envoie à Sénèque l'ordre de mourir (v. Tacite, *Annales*, XV, 60 et suiv.).

BIBLIOGRAPHIE

ALBERTINI, E. [1923] : *La Composition dans les ouvrages philosophiques de Sénèque*, Paris, De Boccard.

ANDRÉ, J.-M. [1962] : *Recherches sur l'Otium romain*, Paris, Les Belles Lettres.

– [1989] : « Sénèque : "De brevitate vitæ", "De constantia sapientis", "De tranquillitate animi", "De otio" », *Aufstieg und Niedergang der römischen Welt*, II, 36, 3, p. 1724-1778.

ARNIM, H. von [1903-1924] : *Stoicorum Veterum Fragmenta*, Stuttgart, Teubner (les *indices* sont de M. Adler) [réimpr. 1964].

AUBENQUE P. et ANDRÉ, J.-M. [1964] : *Sénèque*, Paris, Seghers.

CHAUMARTIN, F.-R. [1989] : « Les désillusions de Sénèque devant l'évolution de la politique néronienne et l'aspiration à la retraite : le *De vita beata* et le *De beneficiis* », *Aufstieg und Niedergang der römischen Welt*, II, 36, 3, p. 1686-1723.

GLUCKER, J. [1978] : *Antiochus and the Latest Academy*, Göttingen, Vandenhoeck & Ruprecht.

GRIMAL, P. [1953] : *Sénèque*, De constantia sapientis, *commentaire*, Paris, Les Belles Lettres.

– [1967] : « La critique de l'aristotélisme dans le *De vita beata* », *Revue des études latines* 45, p. 396-419.

– [1978] : *Sénèque ou la conscience de l'Empire*, Paris, Les Belles Lettres.

HADOT, P. [1995] : *Qu'est-ce que la philosophie antique ?*, Paris, Gallimard.

– [1991] : « Philosophie, discours philosophique et divisions de la philosophie chez les Stoïciens », in Voelke, A.-J. (éd.), « Le stoïcisme », *Revue internationale de philosophie* 45, p. 205-219.

IERODIAKONOU, K. [1993] : « The stoic division of philosophy » *Phronesis* 38, p. 57-74.

IOPPOLO, A.-M. [1986] : *Opinione e scienza. Il dibattito tra stoici e academici nel III e nel II secolo A.C.*, Naples, Bibliopolis.

LONG, A. et SEDLEY, D. [2001] : *Les Philosophes hellénistiques*, trad. de J. Brunschwig et P. Pellegrin, 3 vol., Paris, GF-Flammarion [l'édition anglaise date de 1987].

VEYNE, P. [1993] : *Sénèque, Entretiens, Lettres à Lucilius*, Paris, Robert Laffont.

TABLE

DERNIÈRES PARUTIONS

ARISTOTE
Petits Traités d'histoire naturelle (979)
Physique (887)

AVERROÈS
L'Intelligence et la pensée (974)
L'Islam et la raison (1132)

BERKELEY
Trois Dialogues entre Hylas et Philonous (990)

CHÉNIER (Marie-Joseph)
Théâtre (1128)

COMMYNES
Mémoires sur Charles VIII et l'Italie, livres VII et VIII (bilingue) (1093)

DÉMOSTHÈNE
Philippiques, suivi de **ESCHINE,** Contre Ctésiphon (1061)

DESCARTES
Discours de la méthode (1091)

DIDEROT
Le Rêve de d'Alembert (1134)

DUJARDIN
Les lauriers sont coupés (1092)

ESCHYLE
L'Orestie (1125)

GOLDONI
Le Café. Les Amoureux (bilingue) (1109)

HEGEL
Principes de la philosophie du droit (664)

HÉRACLITE
Fragments (1097)

HIPPOCRATE
L'Art de la médecine (838)

HOFMANNSTHAL
Électre. Le Chevalier à la rose. Ariane à Naxos (bilingue) (868)

HUME
Essais esthétiques (1096)

IDRÎSÎ
La Première Géographie de l'Occident (1069)

JAMES
Daisy Miller (bilingue) (1146)
Les Papiers d'Aspern (bilingue) (1159)

KANT
Critique de la faculté de juger (1088)
Critique de la raison pure (1142)

LEIBNIZ
Discours de métaphysique (1028)

LONG & SEDLEY
Les Philosophes hellénistiques (641 à 643), 3 vol. sous coffret (1147)

LORRIS
Le Roman de la Rose (bilingue) (1003)

MEYRINK
Le Golem (1098)

NIETZSCHE
Par-delà bien et mal (1057)

L'ORIENT AU TEMPS DES CROISADES (1121)

PLATON
Alcibiade (988)
Apologie de Socrate. Criton (848)
Le Banquet (987)
Philèbe (705)
Politique (1156)
La République (653)

PLINE LE JEUNE
Lettres, livres I à X (1129)

PLOTIN
Traités I à VI (1155)
Traités VII à XXI (1164)

POUCHKINE
Boris Godounov. Théâtre complet (1055)

RAZI
La Médecine spirituelle (1136)

RIVAS
Don Alvaro ou la Force du destin (bilingue) (1130)

RODENBACH
Bruges-la-Morte (1011)

ROUSSEAU
Les Confessions (1019 et 1020)
Dialogues. Le Lévite d'Éphraïm (1021)
Du contrat social (1058)

SAND
Histoire de ma vie (1139 et 1140)

SENANCOUR
Oberman (1137)

SÉNÈQUE
De la providence (1089)

MME DE STAËL
Delphine (1099 et 1100)

THOMAS D'AQUIN
Somme contre les Gentils (1045 à 1048), 4 vol. sous coffret (1049)

TRAKL
Poèmes I et II (bilingue) (1104 et 1105)

WILDE
Le Portrait de Mr. W.H. (1007)

GF Flammarion

09/06/146696-VI-2009 – Impr. MAURY Imprimeur, 45330 Malesherbes.
N° d'édition L.01EHPNFG1244.C005 – Avril 2005 – Printed in France.